自分力

今の時代を生き抜く
「自分」といううつわの作り方

原村 昌利 著

自分力

はじめに

世に多数あるビジネス書の中から本書を選び、手に取っていただきありがとうございます。

すでに気づいている人も多いと思いますが、今、私たちは大きな時代の転換期の中を生きています。

日本では少子化が進み、ＩＴ化・ロボット化・ＡＩ化して、お金の流れ、人の流れ、仕事の内容が急激に変化していくことでしょう。

そんな時代の中、私はこの本のタイトルである「自分力」が、今のこの時代を生きていくために、一番重要な事だと思っています。

自己紹介が遅れましたが、私は栃木県の東部にある人口8万人の小都市・真岡市で生まれ、小中高を地元の学校に通い、大学を出て地元・真岡の企業に入社し、約10年勤めました。決して高待遇とは言えない地元企業に勤めている間、収入のこと人間関係のこと、何よりも自分自身の人生のことについて色々と思い悩んでいました。

そんなさなかに、人生の価値観を180度変えるようなメンター（師匠）との劇的な出会いがあり、栃木県から関西に約3年間、気づきのトレーニングに通い続けました。そして、成功するための「気づき」を得て独立。地元・真岡駅前に株式会社エコロ・インターナショナルという化粧品・健康食品の企画販売会社を立ち上げ、おかげさまで2020年で20周年を迎えることができ、会社は順調に大きくなってきています。

私が、ここまでたどり着くまでにはたくさんの苦難の連続で、決してやさしい道のりではなかったし、数え切れないほど「悔しい」「苦しい」「辛い」経験をしてきました。挫折もいっぱいありました。

前著『幸せになる勇気と考え方』では、心の内面を主に書きましたが、この本では、私がこれまでの経験から学んだ「自分力」の重要性についてお伝えしていきます。

この本での内容は、あなたなりに噛み砕いて飲み込み、実践にうつしてみてください。あなたは、自分力を高め、そしてきっと、あなたが手に入れたい成功をつかむことができるようになると思います。

この本は誰にでも喜んでもらえるような八方美人な優しい本ではありません。読んだ後、私のことが嫌いになるかもしれない。でも、あなたの成長の一助になればと思い本気で書こうと思います。

まだまだ若輩者の私ですが、私の経験から読者の皆さんが勇気を持ち、素晴らしい「自分力」を身につけ、何らかの成功を手にしてほしいと願っています。

なぜならあなたに「思い通りの人生」を送ってほしいからです。

そして、この本は一度読んで終わりではなく、何度も、何度も読み返してほしいと思っています。あなたを取り巻く環境が変わった時、例えば、転職した時、部下ができた時、または起業した時などそれぞれ、気づくところが違ってくると思います。

是非、何度も繰り返し、この本を読んでもらいたい。

第6章　一点突破で、自分らしさを極める……197

第1章

「自分力」こそ最高の肩書きになる

「自分力」とは？

この本を手にとっている人は、何かで「成功」したいという願望を持っている人だと思う。それはビジネスの成功かもしれないし、ひょっとしたら恋愛についてかもしれない。

いずれにしても、「成功」を手にするために最も必要なことは何かと言うと、それはズバリ「自分力」なんです。

ここで言う「自分力」とは、人を惹きつけることができる豊かな人間性や、目先だけでなく、視野が広く、行動力を持っているなど、総合的な人の実力（うつわ）のことを言います。

決して、学歴や資格、年齢、性別、家柄なんてことは「自分力」には全く関係ありません。

「自分力」が高いことが「成功」にどう結びつくかと言うと、本書の序文「はじめに」でもお伝えした通り、これからは、時代が急激に変化していく中で、学校の勉強や資格を取っているからとかそういう時代ではなくなってくるからです。

自分を成長させ、魅力ある人が成功する時代なのです。

「自分力」という独自性こそが、世界を渡り歩く最高の武器なのです。

職業や既存の概念にとらわれずに、あなたを貫く。

そうすれば、その生き方そのものがあなたの名刺代わりになるからです！

誰にも真似できない、あなたらしい魅力（自分力）こそが、最高の武器！

「自分力」の時代がきた！

あなたは今の日本をどう感じているだろうか？

日本を安心して暮らせる国だと思っている人は、おそらくほとんどいないだろう。あらゆるところで、たくさんの問題が日本には起きている。皆さんが情報として聞いているのは、氷山の一角にすぎないと思ってほしい。最近では老後２０００万円問題が記憶に新しい。雇用は不安定だし、年金もいつまでもらえるかもわからない。暗い気持ちにさせられることばかりだ。

そしてその理由を、日本がただ単純に不景気だからだと思っている人が多い気がする。しかし、それは大間違いだと私は思う。

少し話は変わりますが、ライフサイクル曲線というものをご存知でしょうか。これは導入期、成長期、成熟期、衰退期と物事が4つのサイクルに分かれることを言い、事業などではよく使われる用語です。

日本はこの4つのサイクルにあてはめると、衰退期に入っているのです。なぜかと言えば、今までの日本を支えてきた、あらゆる仕組みが崩壊してしまっているからです。

一例をあげると、年金問題がそのいい例です。

今までは90万人台だった出生数が、２０１９年に初めて86・４万人と90万人を割込み、過去最低の記録を達成してしまった。

そして、医療の発達により、高齢化がどんどん進んでいる。若者が働き、高齢者たちを支える仕組みがどんどん崩壊し、年金が破綻するのも時間の問題だ。

経済面から見てみると、携帯電話産業がわかりやすい例かもしれない。

導入期、携帯電話は高価で持ち歩くことができた人は一握り。また、恐ろしく大きく、持ち歩きにも適していなかった。その頃の携帯電話の形状は、お笑い芸人の平野ノラさんのネタを見てもらえればわかると思う（笑）。

そして、成長期になり、さまざまな技術が導入され携帯電話が一般的になってくる。成熟期にはスマートフォンが登場し、ますます便利になった。

そして今、新規顧客は減り続け、衰退期に入りつつある。

この次にくるのが規制緩和だ。政府は契約の2年縛りなどを見直し、新たな会社が参入しやすいように制度を見直した。携帯電話産業に参入するのはハードルが高かったが、これから自由競争の時代がやってくるかもしれない。

つまり、こういった衰退期にこそ、下克上が起こり、何も持たない人間が成功できるチャンスが増える。日本の歴史を紐解いても、それを証明している。さらにグローバル化がどんどん進み、その流れを加速させるだろう。

会社や政府に守ってもらえる時代はもう、終わったのです。

これからの時代は、自分で自分を守っていかなければならない！

そのためにも、「自分力」を磨くことが必要になるのです。

さあ、あなたの時代がやってきた！

単純に不景気だという言葉にだまされて二の足を踏んでいてはいけない！

不景気の今こそがチャンス！

今こそ、自分力をつけ、世界へ飛び出していこう！

「学校頭」を捨てろ！

社会には自分自身のオリジナリティ（自分力）を貫く生き方をしている人がどれだけいるだろうか。

ほとんどいないというのが私の実感です。それどころか、多くの人が「学校頭人間」として生きていると感じている。「学校頭人間」とは、文字通り学校で習った考え方だけを社会で実践している人のこと。

チャイムがなったら席に着き、先生から言われたことを必死に守り、大人の言うことを黙って聞き、教科書の内容を暗記して良い点数をとっていれば評価される社会。

自分の意見を言えば煙たがられ、多数意見に同調することを求められ、その評価の指標が学校ですりこまれ、社会に出てからもその指標に従って生きている人が多いと思います。

そういう人の行きつく先はどこでしょうか?

そう。それは、**「いくらでも代わりがきく人たち」**なのです。

それを私は「学校頭人間」と言っています。

もし、あなたが仮に自分のことを「学校頭人間」だと思ったとしても落ち込むことはありません。

学校で塗り替えられてしまった個性の下には、ちゃんと「あなたらしさ」が眠っているからです。

今からでも、自分らしさを意識して行動してみてはどうでしょうか？

学校で教わったことを捨てるのは勇気がいるかもしれません。そして、あなたの周りには、「学校頭人間」がたくさんいるから、あなたの行動に眉をひそめるかもしれません。

でも大丈夫。あなたらしい生き方を絶対に味方してくれる存在がいます。それはそう、あなた自身なのです。

もちろん、学校で学んだことも大切だけれども、社会に出たら、それだけではダメなんです。

この変化の激しい社会の中で、誰かの言うことをきいて生きていくというのは、荒波の海にコンパスを持たずに船で漂流するようなものです。

「自分」というコンパスを持って、大海原に飛び出そう。そうすればきっと素晴らしい未来が見えてくるはずです。

あなたらしい、「自分力」を身につけよう！

「肩書き」がなんだ！

あなたには どんな「肩書き」がありますか？

そう聞くと、大抵の人は「自分には肩書きがない」と恥ずかしそうにしています。しかし私は、「それはいいことだ！　これからあなたが活躍できる証拠ですよ」と伝えます。そうするとみんな目を丸くして驚きます（笑）。

確かに一昔前までは、「肩書き」というものが幅をきかせる世の中だったと思います。学歴、会社での役職、社会的地位、資格の有無などが何より重要で、それが高ければ高いほど個人の収入もあがり、幸福度も高くなると思われていた。

資格取得もそのいい例だ。多くの資格を持つことが素晴らしいこととされてきました。でも、今となってはそれは負の遺産だと、私は思う。

資格というのは、他の人の評価に頼る生き方で、他の人が作った指標に自分をあてはめ、自分の価値を自分では作り出せず、他にゆだねるということだと思う。

いただいた名刺を裏返すと、自分が取得した資格がずらりと書いてある人がいますが、それを見ると、「ああ、この人は不安なんだなぁ」と私は思います。自分の力で生きていくのに自信がないから、資格を並べて価値をあげようとしているのだと思う。

自分の資格は自分で作ればいい。自分が何に長けたスペシャリストなのか、自分が一番わかっていなければならないし、試験など受けなくても、その実績さえあれば仕事はついてくる。

私自身、そこそこの大学を出て、親に勧められるまま地元ではそこそこ名がしれた企業に入社したけれど、年功序列の世界だったために不満もあった。でもその苦悩があったからこそ、メンター（師匠）に出会うことができたし、おかげさまで、私が立ち上げた会社は20周年を迎え、順調に成長することができている。

これからの時代は、学歴も社会的地位も資格も全く関係ない。

そして、肩書きはオリジナルであればあるほど、価値がある！

自分の価値は、自分で作りだそう！

はみだしていこう!

社会には確かにエリートと呼ばれる人たちがいる。何代も続く名家で、資産も驚くほど持っている。そして権力を持ち、さまざまな物事を動かすような人たちだ。

くすぶっている時は、どうしてもそういう人たちに目が向いてしまう。そして、自分のレールのはるか先を走る彼らに、屈辱を感じることもあるかもしれない。

でも、残念ながら、あなたがそのレールの上をまっすぐに進んでいても、追い越すのはなかなか難しい。そんな時に唯一できる方法は、レールをおりてしまうこと。

そう、レールをおりるということは、既存の価値観から抜け出すことを意味し、視点を変え、指標を変え、自分の価値を問い直すことなんです。

もちろん最初はただの半端者になってしまうかもしれません。世間から、失敗した人と烙印を押されることもあるでしょう。でも、自分の価値を信じて、どんどんレール以外のあなたの道（レール）を探しましょう。

世に言うエリートたちと、同じような方法で勝負を挑んでも、ほとんど勝ち目はありません。

私自身も会社を始めたころは、何も持ってないし、人口８万人の小さな田舎町、何もないところからスタートしました。お金もない、たいして仲間もいない！　そんな状況でいまの会社をスタートしました。安泰な会社員というレールをはずれ、当初は、周りからは否定もされた。「成功するわけがない」「すぐにダメになるだろう」そんな言葉が聞こえてきた。

そんな私が成功できたのは、エリートの人たちと同じようなやり方で勝負をしなかったからだと思う。

私はまず、人と違う行動、人が働かない時に働いてみた。

これは、私が会社員時代のことですが、保険の部署にいたころ、みんなが平日の昼間に家を訪問して、保険の勧誘や集金をしている一方、私はパチンコで時間をつぶし、平日の夜間に訪問してその業務を行っていた。その方が、会える可能性が高く、成約率が高いのです。それに、相手が忙しい平日の日中よりも、時間もしっかり確保できる。

それに、会社を立ち上げてからの3年間は、元旦以外は休んだことがなかった。岡山県から栃木に向かう新幹線の中で、席がなくて立ちっぱなしだったので、混んでいるなと思ったらゴールデンウィークだった。本当に季節を忘れるくらい働いた。私には大きな夢があり、その後のバラ色の人生が待っているから、その時休むなんて全く考えてもいなかった。


皆さん、3連休とあれば「わーい！」ってなるでしょ？

でも、私は何なのそれって、と思います。3連休こそ仕事だからです！


こういう言葉があります。

「人間は働きすぎてダメになるより、休みすぎて錆びつき、ダメになることの方がずっと多い」

ケンタッキーフライドチキンで有名なカーネル・サンダースさんの名言です。

私のことは後で詳しく書きますが、私は、だいぶ人と違うはみだしものであったからこそ、今があると思っています。

それに私、実は小さい頃から普通ではなかった。

ちょっと話はそれてしまいますが、でも本当に、普通じゃなかったんです。

どういうことかと言うと、先に起こることがわかる「未来予知」と言うか「予見」ができるんです。宇宙の未来を占うような予知ができるといったたいそうなことではないですよ（笑）。なんとなく、自分の今までの経験や感覚の中からなのか、感じ、頭の中でその後起きることがわかってしまったりするんです。

それを人に言うと結構びっくりされるので、あまり言ってないんですけど、人がみんな持っているわけでないような感覚がある時があるんです。

人と違うことをやってみよう

圧倒的な武器は「自分力」

前項で、今までの社会でつまはじきにされてきた人が、評価される社会がくると書きました。

そうすると、「とにかくルールを無視して、道を外れていればいいんだ」と考える人が出てきそうなので、ここで少しフォローしておきます。

その指標となるのが、自分が現代の社会に必要とされているかどうかという点です。自分が社会で実現したいことと、社会に求められるものをつなぎ合わせ、形にする力が求められるのです。

まずは、自分がやってみたいこと、実現したいことを、熱量を持ってやってみる。

次に大事なのは、違和感を覚えた時にやり方を変える勇気を持つことなんです。反応がイマイチだった時は、少し方向転換。視点を変え、一歩引いて見てみよう。そうすれば自分に何が必要なのかが見えてくると思います。

圧倒的な個性で突き抜け、実績を積み、誰にもとって代わられない自分力があれば、これからの時代を勝ち組で生きていけるはずです。

圧倒的な個性を持とう

私が考える、これからの社会で活躍するための３つの条件がある。

１　自分で自分の枠を作らない人（既成概念にとらわれない人）

２　いろんな物事を工夫し、アイディアを出せる人

３「価値（バリュー）」をコミュニケーションで熱く伝えられる人

1つ1つ説明していこう。

「自分で自分の枠を作らない人」というのは、既存のルールや自分の中の枠に縛られない人のこと。例えば、何かの商品を生み出す時、業界のルールを真っ向から否定するような新たな発想で作れるような人だ。

こんな人は周りにいませんか?

自分自身で自分に枠を作り、「もう歳だから……」「今までやったこともないからできない……」「どうせ無理」なんて言っている人が多いのではないでしょうか?

例えば、30歳の青年でも「もう歳だから……」「どうせ無理」と諦めている人もいるし、60歳の人でも青年のように元気で「これからだ!」という人もいます。

私は野球に例えると、60歳の人はまだ6回の表だと思います。そこで諦めてしまいますか？　でも、3回（30歳）で諦めちゃう人もいるのです（笑）。

はっきり言うけど、そういう人は成功しません。

だって、その時点ですでにあなた自身の成功を諦めてしまっているし、やったこともないのに、自分の固定概念で決めつけてしまっているからなのです。

2つ目の「いろんな物事を工夫し、アイディアを出せる人」というのは、AIがどんどん普及していく社会の中で、まさに必要とされる価値だと考えています。

自分の頭で考え、さらにそれを具体化していく力が求められるわけで、ただ、知識を詰め込み、暗記式の試験でしか学力をはかれない、今までの日本の学校教育では、なかなか培えない力ではないでしょうか。

最後の「価値（バリュー）をコミュニケーションで熱く伝えられる人」。

これからの社会では、コミュニケーションがとても重要視される。ＡＩにとって代わられないし、他人にもとって代われない、唯一無二の価値はその人のコミュニケーション力によってできあがると言っても過言ではない。

自分自身や、自分の生み出した商品の価値を言語化し、視覚化することで伝えなければ、それは存在しないも同然なのです。たんたんと話すアナウンサーとは違います。

このような条件を聞いてみて、あなたはどう思いましたか？

自分にそんな力はない、自信がないと言う人もいるかもしれません。でも、私の本を手に取っている時点で、既存のルールを超えたところに自分の価値を見出そうとしている人であることに間違いはないのだから、胸をはってください。

そして、まだまだ社会の常識にとらわれながら生きていこうとしている人が、この世の中にはたくさんいる。前項の資格の話もそうだけれど、学歴や社会的な地位にすがっている人もまだまだたくさんいる。つまり、今から枠を飛び越え活躍していけば、唯一無二の存在として自分の価値を高められるということなのです。

勇気を出して、まず一歩を踏み出してみよう！

今までの行動を変えてみる

「自分力」を持った生き方を始めるのに効果的なことがあるので、是非、試してもらいたい。まずは、「人と違うことをしてみる」。

例えば、人が電車を使って移動する距離を、タクシーで移動してみたり、逆にジョギングをしてみるのもいいかもしれません。会社勤めをしているなら、全員参加の飲み会を断ってみるとか。

これぐらいだったらハードルは低めなはず。タクシーで移動をしようがジョギングをしようが決めるのはあなた次第だし、飲み会を断るなら、仮病を使ったっていい。

しかし、たったこれだけのことでも、今まで見ていた世界とは違うものが見えてくることに、あなたは気づくだろう。

次に、これは少しハードルがあがるかもしれないけれど、従来の常識を無視してみる。

会社で絶対にやらなきゃいけないとされていることを、断ってみる。やらないという選択を、自分自身で決断してみる。

例えば、営業マンとして働いていたとして、会社のルールで訪問後のお礼メールをするのが義務付けられていたとしよう。そのメールを送るのをやめてみる。もしくは、お礼の手紙に変えてみるとか。

最初は怒られることもあるかもしれない。それ以前に、あなた自身がルールを破るのが怖くてなかなか踏み出せないかもしれないけどね（笑）。

でも、できれば堂々と、自分のやり方を語ってほしい。「メールを出してもきっと他の営業メールに紛れてしまう。だったらそのメールを書く時間で提案を考えようと思いました」とか、「メールよりハガキの方が心がこもっていると思ったので」とか。

そうするとどんなことが起きるか。

自分で自分のルールを決めることができるようになるんです。
そして、今まで「これが自分」と思っていた自分が、壊れるのです。

そうすると、驚くべきことに誰もあなたを怒らなくなるし、「こいつに何を言っても無駄」と思われているだけかもしれないけれど、誰かに怒られると思ってびくびくしていた自分からあっさり卒業できるというわけです。

もう1つお勧めなのが、今まで行ったこともなかったような場所に行くこと。できれば行きたくないと思うようなところなら、なおさら良い。そうすると、自分が今まで大切にしていたことが崩れ、新しい自分になれるんです。

自分が今まで通り、何の違和感もなくやれることを続けていても、人生は変わらない。自分が変われば、それがあなたの魅力になり、個性になる。それを決して忘れないで欲しい。

さぁ、行動してみよう

第2章

成功者の行動力と考え方

「考え方」を変えれば、環境が変わり人生が変わる

人の考え方は簡単には、変えられないですよね。でも、人が変わるための本当のプロセス（段階）に沿って変化させていけば、どんな人でも変わることはできるんです。

人は、「考え方が変われば、行動が変わる。行動が変われば、環境が変わる。環境が変われば考え方が変わる」このサイクルで成長していくものだと私は、思っている。

成功へのサイクル！

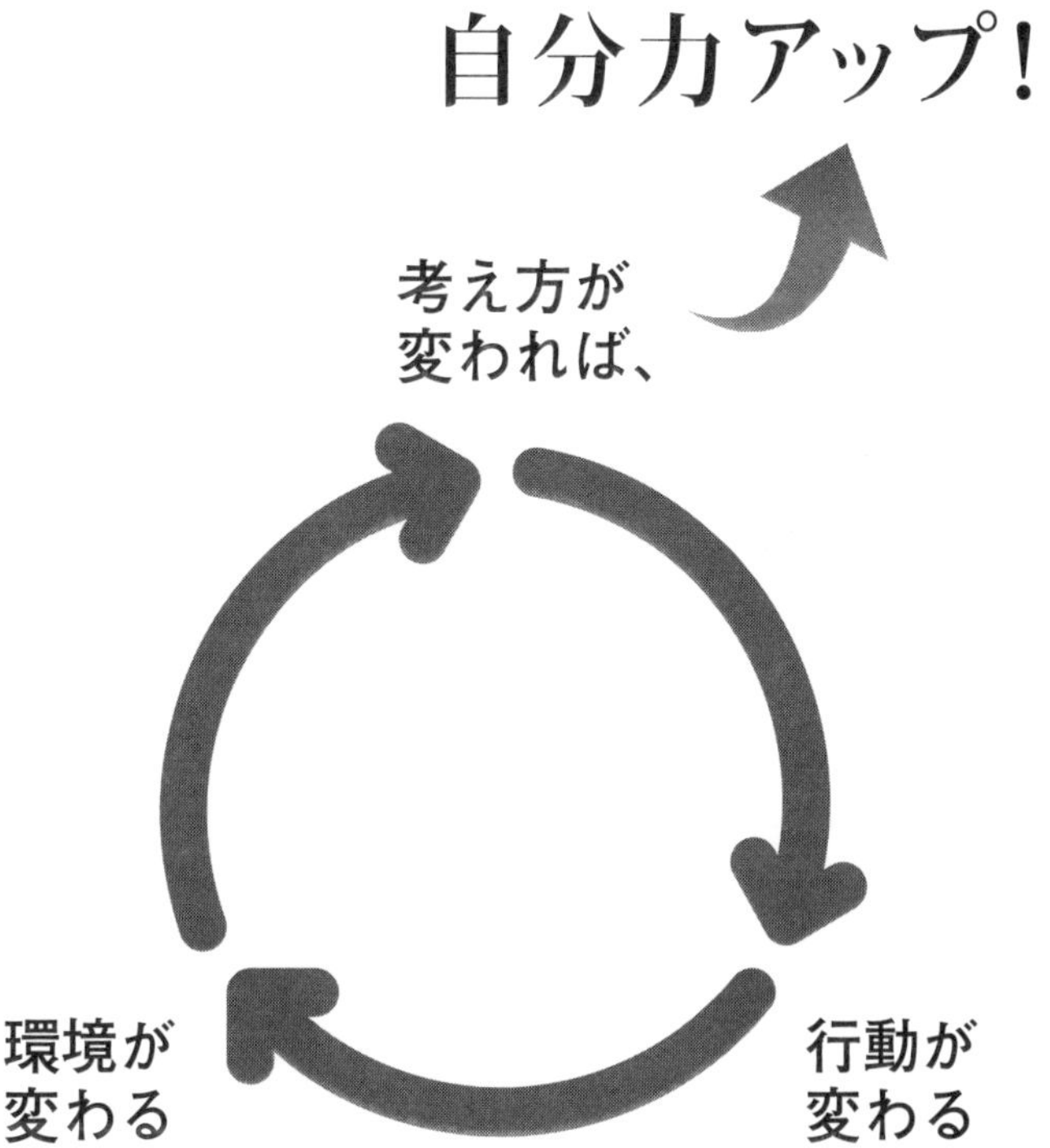

自分力アップ！

考え方が
変われば、

行動が
変わる

環境が
変わる

あなたの置かれている現状を作っているのはまぎれもない、あなた自身の「考え方」だからです。「考え方」はあなた自身を形作る「うつわ」でもあります。

どうしても人は、ネガティブなものに着目してしまうものです。自分の力を高め、あなたが望む成功をしたいのなら、そういったネガティブさを排除した「考え方」を持って、ポジティブに「うつわ」を広げていかなくてはならないのです。

ただ、「考え方」や「うつわ」と言われても、漠然としていて何をどうすればいいかわからないと思います。これから、わかりやすく「うつわ」を変化させていく例を説明します。

あなたの職場に、あなたとAさん、Bさん、Cさん、Dさんの計5人のグループがあるとします。あなたはAさんをよく思っていないとします。

あなたはAさんの声から仕草、立ち振る舞いまで嫌で嫌で仕方なく、ことあるごとに他の３人に悪口や陰口、ゴシップを言っています。「気に食わない！」とか、「やめればいいのに！」などと言っているのです。

では、念願叶ってAさんがその職場を退職すると、どうなるでしょうか？

答えは、**別の人の悪口を言う**ようになるのです。

人の悪口・陰口を言いつづけていると、あなたは「人の悪口を言う」という行動パターン（考え方）が出来上がり、人を悪く言う「うつわ」が出来上がってしまうのです。

このように、あなたが「私が不幸な人間だ」、と他人に同情ばかり求めている人だとしたら、潜在意識は、不幸話をするための出来事を無意識に引き寄せるようになってしまうのです。

「自分の不幸な出来事を他人の同情を買うために輪をかけて話す」

「自分で自分を被害者妄想にしてしまう」

そういう人、いないですか？

こういったことを繰り返しているうちに、最初は意識的に行っていた大げさな不幸話が、不幸な「うつわ」を育てていきます。自分では回避できない不幸をたくさん引き寄せてしまうことになるのです。

成功の「うつわ」を大きくするには、不幸なことを考えている時間より、夢や成功など、幸せなことを考えている時間を、1秒でも長く、味わうように心がけてみてください。

そして、あなたが不幸の「うつわ」を小さくして、幸せの「うつわ」を育てることができれば、あなたがどんなに嫌がっても、成功や幸せはあなたのところへやってきてしまうのです。

さらに、そうしていくことであなたの周りの「環境」が変化していき、新しい「環境」によって、人脈も変わります。周りから聞く情報も変わってくるのです。

なので、あなたの今までの付き合いのある人たちが人の悪口を言う「うつわ」の人たちであれば、その人たちはどうしてもあなたを攻撃し、あなたが「成功」に近づけば近づくほど、さらに強く攻撃してきます。だからそういう「うつわ」の人たちには、近づかないことです。

そうすると、「行動」が変わり、悪口やゴシップを言い合うような「うつわ」の人たちとは全く違う行動をするようになります。ポジティブな自己成長をしあえる仲間たちと出会えるようになり、**良いご縁がつながっていくのです。**

ちなみに、私は人からひがまれても、栄養剤だと思っています。感謝です。

実際に、私も独立していく時、悪口や陰口等をたくさん言われました。

そんな、負け惜しみのようなひがみなど、言わせておけばいいんです。

そして、あなたはそのひがみさえも、「栄養剤」とし、感謝して、エネルギーに変え、さらに加速して、「成功」の大空に羽ばたいていけばいいのです。


人生は気づいた時、何歳からでもスタートできるし、いつだってやり直しできるのです。幸せの「うつわ」が広がれば、ご縁がつながり、幸せは向こうからやってくるのです。

考え方が変われば、全てが変わる

「信頼」から「感謝」は生まれてくる

それから、他人に感謝の気持ちを持つことも、重要です。他人が自分のために何かしてくれるというのは、考えてみれば、すごいことです。

だから、他人の行為には心を込めて、「ありがとう」と言おう。

「私は不幸だ」という言葉の代わりに「ありがとう」を言うように努力してみてください。

「できる子だね」「すごいね〜」等と相手を褒めると、相手のやる気を引き出すことが多いのです。

しかし、世の中の社長はこんな簡単なことを、自社のスタッフに対しても言ってないと思うし、それどころか「ウチの社員は使えない」なんて言っている。こんな会社は儲かるわけがない。だって、社員は同じ目標に向かう仲間であるのに、「信頼」していないからです。

周りの人に感謝することができれば、問題は自然と丸くおさまるんです。人間関係を丸くおさめる方法があるとしたら、それは「感謝」することなのです。

仕事でも同じことだと思います。自分と取引してくれるということは感謝の証だし、売り上げとは感謝がお金に代わったものだとも言えるんです。

売り上げが伸びている会社は「ありがとう」という言葉をよく聞きます。

感謝して感謝されることで人の「うつわ」は大きくなっていく。「自分力」になっていくのです。

感謝は伝えるべきだと思う。それが義務であり、礼儀だと思います。その感謝の気持ちがあれば人は助けてくれる。助けてくれないとすれば、それは感謝の気持ちが足りてないのかもしれません。

自分を磨いてくれる全ての出来事（試練）に感謝、感謝

人を幸せにする

商売をしている人みんなに言いたいのですが、相手に何かを提供しようとする時（商品や情報など）、相手が気にするのは、**自分にとって得なのかどうなのか**ということです。

あなたが情報を買う側だとしたらきっとよくわかると思います。きっと、変な商品やサービスには騙されないだろうし、もし、過去に騙された経験があるなら次は用心するはずです。

マクドナルドやスターバックスが成功しているのは、お客さんに商品以上のメリットを感じさせているからなのです。

成功者は朝起きた時に**「今日はあの人に得をしてもらおう」**と考えます。**「商品を買ってもらおう」ではないんです。幸せになってもらおう。相手に得をさせるからお金をはらってもらえる**んです。

私は商品を買わせる、買ってもらうの関係ではなく、幸せを共有する仲間作りだと考えています。だからお客さんではないんです！　仲間なんです！

さて、あなたから買うことによって相手にどんないいことが起こるだろうか？

「こうすると得ですよ」「こうするともっと良くなりますよ」「こうすればどうですか？」などと目の前の得をさせることによって、自然とあなたのファンになっていくんです。

あなたは「てんびんの詩」という映画を観たことがあるでしょうか？

私は、この映画にとても感銘を受けました。「商いは人間業」であるという、商売の本質を知った思いがしました。

私以外にも、ビジネスで成功している方がこぞって勧めていて、下手なビジネス本を読むくらいなら、「てんびんの詩」を観た方がよっぽど「ビジネスの本質」を掴むことができます。私は50回以上は観ていますが、毎回感じるところが違います。

その証拠に「てんびんの詩」は、企業研修や営業研修などでも頻繁に使われています。「てんびんの詩」は１９８８年にイエローハットの創業者である鍵山秀三郎さんの資金援助を得て作られた映画です。イエローハットと言えば、年商900億円を超える、東証一部上場の一流企業です。そんな企業の創始者が「私財を投じてでも伝えたいことがある」と言って作られた映画がこの「てんびんの詩」なのです。是非、興味を持った人は観てみてほしいです。

商売している人だけでなく、ビジネスパーソンの方も同じです。

朝起きて「今日も仕事か……」なんて言っているようでは、自分のことしか考えていません。

もし、給料を増やしたいのなら、上司や同僚、社長の幸せを考える。幸せにする優先順位を考えた時、自分が一番上になっているようなら、それをやめて相手を上に持っていってみましょう。

商売している人もビジネスパーソンも**「物を売るのではなく、事を売る」**というビジネスの本質は全く同じなのです。

人は、自分の得することに興味を持つのは当たり前ですが、他人の得すること にはそれほど興味がありません。だからこそ、これからは**目先の感情や損得だけでなく、誰かを幸せにすることで自分も幸せになる**ということを知ってほしい。目の前の人を幸せにすることから始めて、さらに遠くの人を幸せにすることで、あなたの幸せや収入が大きくなるのです。

物では無く、事が重要なのです

「格差社会」はもっと広がっていく！

後で図を見てもらいますが、「自分力」が求められる社会で、どんなことが起きるか、もう少し詳しく見てみましょう。

まず、価値観が大きく変わる。

入れ替わってひっくり返ると言ってもいいくらいの、変化が起きると私は考えている。

例えば、今までは学校で先生の言うことを聞かない子は、問題児とされていたが、これからは、自分を貫ける人が生き残る時代になる。指示を待っているような人だと、まず間違いなくこれからの社会を生き抜くことはできない。

これからの社会で活躍するための3つの条件でも書いたけれど、自分の頭で考え、工夫し、アイディアを出せる人が活躍できる社会になるはずです。既存のルールにしばられず、自分でルールを考え出す人材が求められる。

それに、いろんな場所を行き来して、それぞれで得たヒントをつなぎあわせ、新たな価値を作りだせる人が求められる。

ということは、今までの社会でつまはじき（変わり者）にされてきた人間こそ、活躍できる社会になるということだ。

さらに、今まで既得権益を持っていた企業が、自由競争の中で次々と崩壊していく。スマートフォン、５Ｇの登場で社会はますます便利になり、社会の変化は速くなり、今までのやり方にしがみついていては、生き残れない。

そして、今の日本は格差社会などと言われているが、これはさらに加速していくだろう。格差が何百倍と開く社会になり、世界は二極化すると言っても過言ではない。

つまり、**ルールや流れを自ら作る人と、そのルールに乗らされ、巻き込まれる人の２つ**に分かれるでしょう。

今までの社会では同調圧力が強く、波風を立てずに人と協力する、誰かの指示を守る人が重宝されてきたが、その価値観はいずれ過去のものとなります。

だからこそ「自分力」を持った、誰にも真似できない個性を持った人に、あなたはならなくてはいけないのです。社会が刻々と姿を変えていることに気づかなければならない。

この世には、高所得者と低所得者の２種類しかいない時代になります。

そして、もしあなたが高所得者になりたければ、低所得者には想像できないような世界に足を踏み込まないといけないんです。

覚悟はできていますか？　次のページの表をよく見てほしい。

１億円以上稼いでいる人の２０１６年と２０１８年の表です。

2016年 日本人の年収１億円以上の人数	
収入	人数
100億円以上	17人
100億円以下	44人
50億円以下	152人
20億円以下	334人
10億円以下	978人
5億円以下	4,779人
１～２億円以下	14,197人
年収１億円以上合計	20,501人

2018年 日本人の年収１億円以上の人数	
収入	人数
100億円以上	31人
100億円以下	49人
50億円以下	185人
20億円以下	429人
10億円以下	1,158人
5億円以下	5,629人
１～２億円以下	16,362人
年収１億円以上合計	23,843人

お気づきでしょうか？

2016年よりも2018年の方が1億円以上稼いでいる人が増えているのです。今、本を読んでいるこの時でも稼いでいる人はいる。お金はあるところにはあるし、刻一刻と格差は広がっているんです！

今のあなたはどのあたりですか？

絶望からはじめるから希望がある

今、あなたは絶望しているだろうか。私も、会社を始めた時は、何もなく、人にも裏切られ、絶望からの始まりだった。

お金がない。
経験がない。
人脈がない。

そう、私には、何もかもなかったんです。

今の会社を立ち上げる前に、個人事業主として、事業をスタートした時です。休みもなく働いて、やっと順調に事業ができてきた時、いきなり取引先の企業に裏切られたんです。

その時はまだ先行投資で600万円ほど事業に投資している状況だった。これからやっと、収益が出てくると思っていた矢先に、取引先からの商品納入がなくなり、収入はもちろん、人脈も全て失ったし、仕事自体も失った。

もう、呆然とした。人間不信になり、3か月間何もできない日々が続いた。

でも、何もなかったから、やるしかなかった。だって何にもないんですから。その絶望の中で唯一の希望を見出したのは、今の事業であるアミノ酸、水、菌に特化した化粧品・サプリメントの企画販売会社だった。

私が地元で会社を立ち上げると言った時、それまでの知り合いはみんな笑った。

「会社を始める？　え、無理でしょ。すぐに終わるよ」
「安定しないでしょ。続くわけがない」
「もう30代なんだから、ちゃんと真面目に考えなよ」

ありとあらゆる「できない理由」を突き付けられた。

しかし、今では、創業から20周年がたち、叶えられた夢もあるし、これからもまだたくさん叶えたい夢がある。

ここで皆さんに伝えたいのは、**「なりたいものになれるのは、なろうとしたも**

のだけだ」ということなんです。人は、**「強く思い込むこと＝信じること」**で未来を切り開いていく生き物なんです。

四方八方囲まれて、どこにも行けないくらい全てを失って、一見、真っ暗闇の中にいるように見えるかもしれないが、実は、その中に希望があるんです。いや、その中にいるからこそ見えてくるのです。

それが自分の中の勇気になって、最初の一歩を踏み出す力となる。

本気になった時、人は何者にだってなれると思う。

本気の人は自分の人生に全力で打ち込んでいる。
本気の人は言い訳をしない。
本気の人は思いを語ることを恥じない。

本気の人は決して諦めない。
本気の人は失敗する勇気をもっている。
本気の人は捨てることができる。

明けない夜は無いのです！

人はどん底からだって、いつだって、やり直せる！

「自分の変化を恐れる自分」＝現状維持メカニズム

会社員時代、私は自分の置かれた環境に悩んでいた。そこでメンター（師匠）と出会い、人生が大きく変わった。メンターと出会ったばかりの頃、ある感情が私を支配していた。

それは、「自分の変化に対する恐れ」だ。

そう、自分を変えることを、自分が一番恐れていたのだ。

もし自分が変わることで失敗したら？

変わることで周りからどう思われるだろうか？

そんなことばかりが頭を占めていた。

言い訳をするわけじゃないが、実はこれは誰もが持っている当たり前のことなのです。

人間には、自分の命を守ろうとする防衛本能がある。

自分が安全だと確認できている場所、方法については安心していられるけれど、自分が行ったことがない場所、やったことがない方法で取り組もうとすると、危険を知らせる信号が点滅する。つまり、変化に対する恐怖は、本能に植え付けられた機能なんです。

そして、自分が本当に変わらなくてはいけない時や、変化をしないとやっていけない時に、このような事件が起きたりするんです。

たくさんの成功者の中には、会社員として働いていたけれども、身体を壊して辞めざるを得なかったとか、連帯保証人になったら、このまま会社員を続けても一生返済できないような多額の借金を背負わされたとか、自分の人生について見直さざるを得ない、事件が起きたがために致し方なく、勇気を持って一歩踏み出した人が多くいるのです。

変化は本当に怖いものです。

それでも、一歩踏み出さなければ、何も始まらないし、何も変わらないのです。きっとあなたにとっての変化が、この本を手に取ったことだと信じています。

もしまだ何か引っかかるのであれば、私が毎月開催している気づきのトレーニング（サクセストレーニング）に参加してみてください。きっとあなたの人生を変えるヒントが詰まっているはずです。

人は必ず変われる！　勇気を持って一歩踏み出そう！

変化するものだけが生き残れる

ここ数年、本当に大きな時代の流れを感じる。

少し前の時代なら、肩書きがあれば将来に渡って安定した生活が約束されていた。学歴があっていい会社に入っていれば、何も問題がない世の中だった。

でも、今はどうだろう？

大手の会社だってリストラは起こるし、倒産することだってざらにある。

ましてやあなたが、自営業（個人事業主）や会社を起業しているなら、なおさら。実力がないと、すぐに淘汰される厳しい時代だ。毎月赤字を背負い、貯金を切り崩していくような社長だっているし、逆に何百億円と稼いでいる人もいる。


成功していたとしても、それを長く続けるのは本当に大変な社会だ。そして、その格差はとんでもなく大きくなってきている。

そんな中で生き延びる方法はただ1つだけ。

それは**「変化し続ける」**ことだ。


イギリスの生物学者、チャールズ・ロバート・ダーウィンも、こんな言葉を残している。**「最も強い者が生き残るのではなく、最も賢い者が生き延びるのでもない。唯一生き残ることが出来るのは、変化できる者である」**と。

これから活躍できる人の特徴の1つは変化の流れの中で、ゆるぎない軸を持ちつつ、行動を柔軟に変化させ、うまく流れに乗れる人だと思う。

時代にあっていない、何かが違うと思った瞬間に、あなたは、今までの利益を捨ててでも変化できるだろうか?

自分が本当に必要だと思ったら、すぐ変えることができるか。それこそが今の時代を生き延びることができる、唯一の方法だ。

前にもいったけど、これからは「個」の力が求められる時代になる。国策企業はどんどん減って、民間企業へ力は流れていく。さらに言えば、個人や零細企業、ベンチャー企業がビジネスの中心になってきているのだ。

今こそ、あなたの力を発揮することができる時代が来た!


流れに飲み込まれてはいけない。自ら流れを作れ! 変化と対応!

捨てることも必要

私が会社員時代の研修で、こんなことを言った講師がいました。

「これからの時代、会社員でも生き延びるのが厳しい時代になる。なんでもできる人材になりなさい」

確かに、会社員でも生き延びるのが厳しい時代になる、というのはその通りだと思う。しかし、そのあとに続く部分に対しては、私は全く正反対の意見でした。

なぜかと言えば、そんなことを続けていれば、全ての分野が中途半端になり、まさにいくらでも替えのきく人になってしまうからです。

これからの時代に必要なのは、むしろ自分の武器にならないものは捨てられる人だと私は思う。

時間というのは限られており、あれもこれもとやっているとあっという間に人生が終わってしまう。本当に自分が達成したいビジョンがあるならば、それ以外のものはばっさりと捨てて、本当に必要なものだけに集中しよう。

捨てるというのは怖いことだ。でも何を捨てるかを決めるのも、自分。それが自分の人生に向き合うことに他ならない。

多くの成功者たちは、このようにして自分の描いたビジョンを達成するために捨てるという作業に人生をかけている。

ここで一本にかけられるか、捨てることの怖さに耐えきれず、たくさんの物を持ち続けるのかが、人生の分岐点になることを忘れてはいけない。

何かを手放すからこそ何かを得られる

当たり前のことをやり続ける

私の会社が20周年を迎え、多くの人から成功の秘訣を聞かれるようになりました。

しかし、私がその答えを言うと大抵の人はがっかりします。

もしかするとこれを読んだあなたもがっかりするかもしれないけれど、言ってしまおう（笑）。

それは、自分が描いたビジョンに対して、**今の自分ができる最大限のことをやり続けること。**これ以外に成功の秘訣はないと断言できる。

例えば、ベストセラー商品を生み出したいと思ったら、まずはどんなものでもいいから作って売ってみればいい。最初はもちろん、そんなにたくさん売れることはないだろう。そして、落ち込むこともあるかもしれないが、実際に作って売ってみることと、ただ夢を見ているだけでは、行きつく先の未来が全く違うのです。

今、成功者として地位を築いている人のほとんどは、周りから見ると単純でバカバカしいことをコツコツとやり続けただけの人なのです。

でも、これが簡単そうに見えて本当は難しい。大抵の人はこらえ性がなく、途中であきらめてしまう。そもそも成功するために、行動しない人がほとんどだ。

それではいつまで経っても現実は変わらない。

自分が思い描いたビジョンがあるならば、その実現のためにまずは行動してみましょう。その素直さが現実をどんどん変えてくれるのです。

ライバルたちが先にやめるまで、やり続けるだけでいい

無難な服を今すぐ捨てろ！

そしてもう1つ、自分を変えるのに効果的なことがある。

それは、今の自分の服装を変えること。つまり外見をがらっと変えてみることなんです。日本では、無難な服を選ぶ人が多い。是非あなたのクローゼットを見てみてほしい。

黒、白、紺、茶。そのあたりの色ばかりになっていないでしょうか。日本で街を歩いていると、本当にこのあたりさわりのないカラーバリエーションが多いと感じるし、派手な色、柄などを着ていると、変な目で見られることも多い。

でも、あえて着てみてほしい。変な目で見てくる人とは人生のステージが違うんですから（笑）。

あなたは、大多数に埋もれてしまうような人ではないのだから。

こういうことを言うと、そんなバカな……とほとんどの人はやってみようともしない。

でも、断言できる。ここに成功者とそうではない人の大きな壁があるのです。騙されたと思って一度やってみてください。

今までの自分なら絶対に選ばないような服であればあるほどいい。そうすると、自分が変わる。それだけじゃない。そう、人生が変わるんです！

自分の立ち振る舞いが変わると、周りからの扱いも変わり、それで人生が変わるのです。

信じられないかもしれないけれど、こうやって人生は簡単に変えることができるんです。

さあ、今すぐ、思い切って
クローゼットの中身を入れ替えてみよう！

人に与えられる人

これまで成功の秘訣を書いてきましたが、成功している人とそうでない人の両者の決定的な違いってなんだと思いますか？

成功している人は、他の人に何かを与えようとします。自分自身が満たされているから、他の人も満たしてあげようとするのです。

私もそうです。例えば、美味しいものを食べていると、自分だけで食べるのではなく、自分の好きな人にも分けてあげたくなるし、嬉しいことがあれば誰か他の人にも教えてあげたくなるのです。

では、成功していない人はどうでしょうか。自分自身が満たされていないから、誰かに何かを分け与えることを惜しんでしまいます。

自分自身の欠落をなんとか満たそうとします。不足感を持っているから、何者かに自分が持っているものを奪われまいと必死になります。でも、成功している人は、人に与えることで、さらに充足感を得ることを知っているのです。

それはどうしてかと言うと、成功者は自分自身が満たされるのが早く、そして、自分の周りを満たすことに「飢え」を感じ、さらには、社会全体が満たされることを望むようになるのです。

以前、貧しい国の１つである南米の小国・ウルグアイの大統領のスピーチが話題になりました。

「貧乏とは、少ししか物を持てないことではなく、無限の欲望がありいくら手に入れても満たされないことだ」といった内容でした。

私はこのスピーチに同感です。そして、今、日本という国はとても貧しい国になっているのではないかと思います。

まずは、良い言葉からでもいいので、みんなに与えてみてください。そうすれば、未来に希望が見えてくるはずです。そして、生きることは楽しい、そして、素晴らしいということから与えていってみてください。

与えれば与えられる

「たらいの法則」

前作でも書きましたが、私が激しく感銘を受けた、松下幸之助氏が提唱する「たらいの法則」についてです。

松下幸之助氏と言えば、現パナソニック（旧松下電器産業株式会社）を一代で築き上げた経営者であり、また経営の神様という異名を持つことでも有名な方です。

彼は、実業家としてはもちろん、その他にも発明家、文筆家としても活躍されていました。

そんな様々な分野において一流の考え方を持つ松下幸之助氏の提唱した「たらいの法則」の話を紹介します。

「たらいの法則」は、引き寄せの法則、ブーメランの法則などと言われたりしています。まず、大きなたらいの中に、水がいっぱい張ってあるとイメージしてみてください。

そこで、たらいの中の手前から、両手で水を向こうに押し出してみてくださ い。水はたらいの奥にあたり、たらいの外側を流れながら手前（自分のところ）に戻ってきますよね。

それでは、今度はたらいの中の奥から、両手で水を手前（自分のところ）に引き寄せてみてください。水はたらいの手前にあたり、たらいの外側を流れながら奥（向こう側）へ流れていきます。

これが「たらいの法則」であり、宇宙の法則です。あなたが発したものは、巡りめぐって自分に還ってきます。逆に、あなたが引いたものは、巡りめぐって逃げていきます。

与えれば戻ってきて引いたら逃げる！　これが、この世界の法則なわけです。欲しい！　欲しい！　と思っていると逃げていき、あげる！　あげる！　と思っていると戻ってくるのです。

病気やお金もそうです。「お金が欲しい！　欲しい！」と思えば思うほど、お金は逃げていきます。逆に、誰かのために使うことを惜しまなかったり、自分自身のための投資をしたりしていると、巡りめぐって自分に還ってきます。欲しいと思えば入ってこなくて、あげるあげると思えば入ってくるのです！

「たらいの法則」

手前にかくと逃げていく

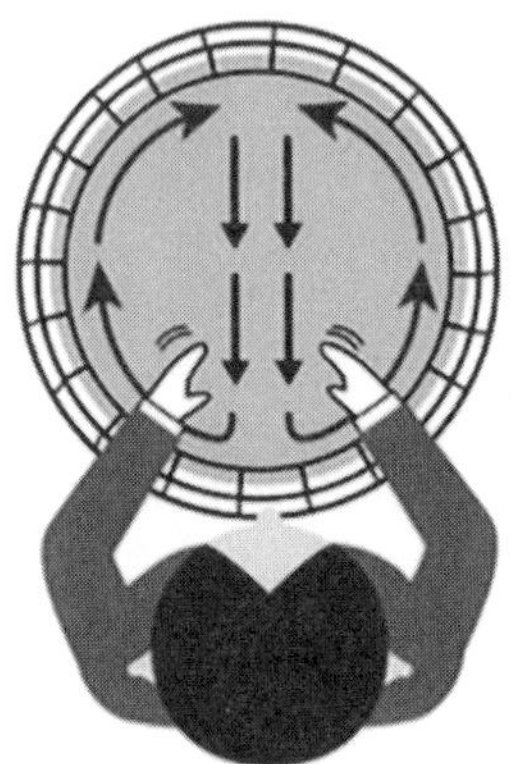

ちょうだい
ちょうだい

外にあげると返ってくる

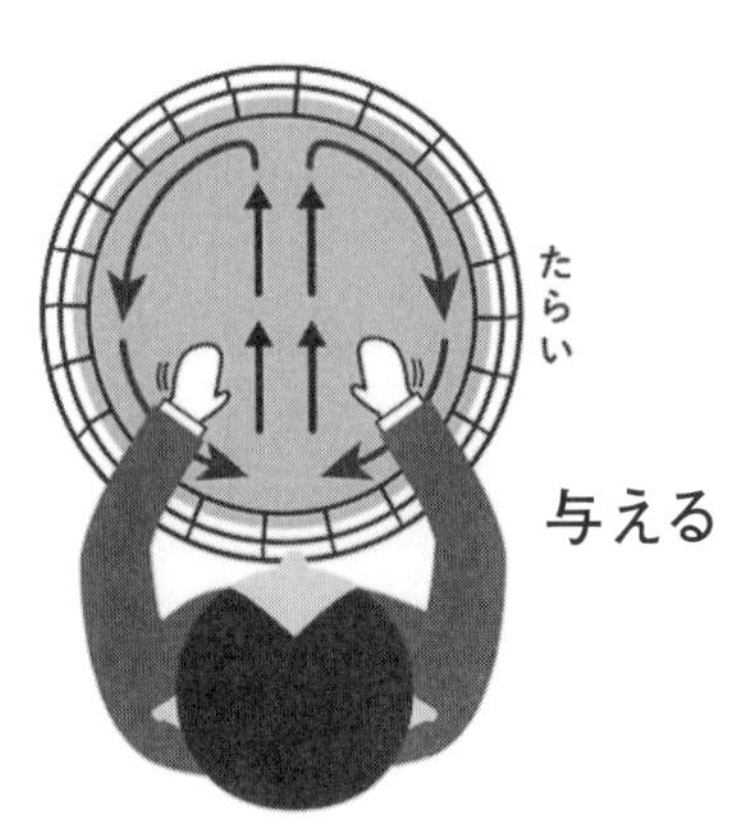

人に感謝する心がある人は、やがて自分が感謝され、愚痴や不満ばかり言っている人は、やがて自分が病気になったり、不満を言われるようになります。

これは鏡の法則で、他人はまさに、自分を映し出す鏡なわけで、自分も他人も、「たらいの法則」の中で生きています。

この考え方を実践することにより、私も及ばずながらですが、私の地元である真岡市や栃木県の小中学校、高等学校に教育備品の寄付を行ったり、ベトナムに小学校を建築支援したり、カンボジアに井戸を毎年掘り、衛生教育を行ったりということができるようになりました。これからも支援できるようにがんばろうと思います！

与え続けよう

歴史は繰り返す

今、時代は激変していると前項にも書きました。少子高齢化、始まる増税の時代、経済問題、年金問題、雇用問題、介護問題、育児問題……など、ありとあらゆる面で日本を支えてくれた土台がボロボロと崩れだしている。

そんな時代において、「これまでと同じ」発想や行動を繰り返したり、政府が助成金をばらまいたり、景気刺激策という名の対策をしたとしても、根本的に経済が上向くはずがない。もっと別の根本的な部分で丸ごと入れ替えていかなければいけないと思います。

もう、ルールが変わっているのに、旧式のルールでいくら試合をしても、どうにもならないんです。変化を迫られているのに、どう変化したらいいのかわからない。

まさに、波乱の時代なのです。

しかし、これは私たちみたいな存在にとっては、大きなチャンスの時代なのです。

なぜかと言うと、そういう時代に活躍するのは大手一流企業やエリートではなく、新しい勢力「はみだしもの」と決まっているんです。後で詳しく記載しますが、歴史の変わり目を見てみると、１００％決まってそうだからです。だからこそ、今がすごくいいタイミングなんです！

ＴＰＰ（環太平洋パートナーシップ協定）のように、今までは、競争を保護、規制、制限されていたがんじがらめの状況がなくなってくるし、完全にボーダレス経済が始まるんです。あらゆる面で競争が活気づくことになります。つまり、みんな等しく競争にさらされることになり、社会経済が弱肉強食化するのです。こういう時代では、対応できる人は勝ちまくり、対応できない人は地の底を這うというような二極現象がさらに本格的に進行するのです。

まさに、ゾクゾクしますね！

これは恐怖をあおっているわけではなく、そういう自然の原理になっているのです。

むしろこれまでが異常だったのです。日本は長いこと様々な規制によって守られてきましたし、それによって安定した生活があったのかもしれないが、逆に言うと、手厚い保護のおかげで骨抜きになってしまっていたとも言えます。

日本はまさに最悪の「茹でガエル状態」になってしまっていると思うんです。
「茹でガエル」とは、次のページでお話しします。

さあ、はみだし者になろう

茹でガエルになるな！

想像してみてください。カエルを水が入ったビーカーに入れ、下から一気にあぶる。そうすると、どうなると思いますか？

カエルは熱くて、驚いて飛び跳ねますよね？

ところが、同じく水の中に入れ、徐々にトロトロと水温を上昇させていくとどうなるでしょうか？

カエルは、徐々に上がる水温に慣れていき、そして、気づかないまま水温はゆっくり上がり続け、いつの間にかカエルは茹で上がって死んでしまうのです。

このことは「茹でガエル理論」だとか「茹でガエル現象」と呼ばれています。

私は、今、日本がまさに、この「茹でガエル状態」だと思う。ヤバイ!!

今のあなたで大丈夫？

２０１９年10月に消費税は10％に上がりました。増税以降、確実に日々の生活を圧迫することは明白です。それに、増税は本当にこれで止まるのだろうか。国の借金は膨れ上がるばかりで、社会保障やら何やらと全く状況は好転していない状況だ。

年金はこれからどうなるの？

「茹でガエル理論（現象）」

一気に水温が上がると、驚いて飛び跳ねる

トロトロと水温が上がると、茹で上がる

上がりますか？　下がりますか？

受給年齢も当初は60歳だったものが徐々に65歳になり、これからは70歳、75歳と繰り上がっていくだろう。これもまさに「茹でカエル現象」だ！

さらに、ＩＴ技術のめざましい進化は、とんでもないスピードだ。テレビのニュースでも連日連夜、ＡＩ（人工知能）技術の進歩を取り上げているし、ドローンをはじめとしたロボットの開発も急ピッチで進み、10年後には今ある仕事の半分はＡＩにとって代わられると言われているのです。

あなたの仕事は10年後、あると思いますか？

真剣に考えてみてください！

環境が目まぐるしく変化する中で、「安定」なんてものは、もうありません！

今日明日であなたの生活が、にっちもさっちもいかなくなるような、たちいかなくなる急転はないかもしれませんが、でも、今の状態が普通だと思い、「今のまま現状を維持できれば」などと考えるのはとても危険です。

ひょっとしたら「茹でガエル」のように、気づいた時には茹であがっているかもしれません。

あなたには、自分自身の身は自分で守らなくてはいけないということをちゃんと意識してほしい。そして、未来に不

約 10 年の間に半分の仕事がなくなる！

人工知能（ＡＩ）で仕事が奪われたり、人口の減少、
経済の悪化で現在と比べて半分の仕事がなくなります。

スーパーやコンビニの店員、アパレル店員、
工場の作業員、料理人、市役所職員、学校の先生、
タクシーやバスの運転手、郵便や宅配配達員、各種事務員、
秘書、ガソリンスタンドの店員、経営コンサルタント、
システムプログラマー、教師、薬剤師、医師、看護師、
卸業・仲介業者、図書館員、不動産仲介業、清掃員、ごみ収集員、
電話オペレーター、保険外交員、データ入力員、
銀行員、建築士、弁護士、等々

安が多く、なんの保証も期待できない今、必要なのは「自分力」を高めるということなのです。

なぜなら「自分力」を高めれば、あなたは国や他人に頼らなくても、自分自身が最大の武器となり、この激動の時代を生きぬくことができるからなのです。

あなたは大丈夫？　茹でガエルになっていませんか？

古いルールをぶっこわせ！

歴史から考えてみても、こういう時代に活躍するのは、老朽化した仕組みをぶっ壊す既成概念にとらわれない、若者やバカ者、そして、よそ者たちであった。

え〜〜何それ？　と思ったかもしれませんが、本当にそうなんです。

でも単に歳が若いとか、変人だったわけじゃありません。その時代を変える

「自分力」を持っていた人たちなのです。

まずは、歴史を振り返ってみたいと思います。

私は、両親の影響で子供のころからＮＨＫの大河ドラマや歴史ものの小説などをよく読んでいました。私が歴史を学んで一番感じたことは、若者やバカ者、よそ者と呼ばれた人たちのように、**今も昔も既成概念にとらわれない、素直で純粋な人物たち**が、成功してきたということです。

是非、この項を通して、皆さんには「歴史から学ぶ」ということがとても大事だということを知ってほしいと思います。

もちろん時代が違えば、環境や条件が変わってきます。でも、人においてのコミュニケーションの取り方や行動のあり方の本質は、何百年、いや何千年もの間、ずっと変わっていないと思います。

・戦国時代〜安土桃山時代

尾張の弱小領主だった織田信長がうつけ者（バカ者）といわれながらも、桶狭間の戦いで今川軍を撃破。前例のない農民出身の豊臣秀吉を武将に抜擢（ばってき）し、徳川家康などを従え、「天下布武」をかかげ、戦乱の世の中を統一し、楽市楽座などの経済感覚にも優れていた。

信長亡き後、家臣だった豊臣秀吉が天下を統一。豊臣秀吉は「人たらし」で有名だった。敵も味方もたらしこんで、自分の仲間や協力者にしてしまうことで、有名だった。

・明治維新

幕末期、よそ者であるマシュー・ペリーが率いるアメリカ合衆国の蒸気船を含む艦船4隻が、日本に来航し、見たこともない艦船に大騒ぎになった。その当時の江戸の人たちは刺激を受けまくりだったと思う。この事件が発端となり、日本に激動の変化が起きてくる。このように今の環境じゃないところから刺激があり、変化が起きるのです。

「薩長同盟」において仲介人の役を果たした坂本龍馬は、薩摩藩と長州藩に新しい日本を作るという「夢」を共有して手を結ばせた。もちろん、龍馬が親しみやすい人柄・積極的な行動力といった人間的魅力、そして高いコミュニケーション能力を持っていたからこそ、その後、薩長を中心とした若者が当時の体制をひっくり返して、新政府を樹立。日本の近代化が始まった。

織田信長、豊臣秀吉や坂本龍馬以外でもかつての歴史上の人物から、時代の流れ、人と人との関係を学ぶことは、あなたの「自分力」を高めることに大きなヒントになると思う。

歴史上で成功した人物には、とんでもない逆境から成功した人物がたくさんいます。是非、いろんな偉人に興味を持って、本を読んだりしてみて欲しい。もちろん難しい本でなくていい。ＮＨＫの大河ドラマだっていいし、歴史解説の漫画本だっていい。現代も過去も本質は同じ。成功の歴史は繰り返されているのです。

私も歴史を学んでいなかったら、今の自分はなかったのではないかと思う。実際に私の周りにいる成功者は、歴史に学んでいる人がとても多い。是非、あなたにも歴史から学びや気づきを得てほしい。

歴史を再配置して自分のものにしよう！

第3章

「自分」が輝きだす、TTPの魔法

成功者の誰もがやっている「TTP」

前章では、豊臣秀吉や坂本龍馬といった歴史上の偉人の例えから「自分力」を学んできました。でも、ひょっとすると「自分力」について、「私には難しい！」と思ってしまっている人はいませんか？

そして、「自分には備わっていないし、今後も身につく気がしない……」なんて腰が引けてしまっている人もいるかもしれません。でも、そんなに構えなくても大丈夫！

それは、今のあなたの「現状維持メカニズム」が働いているだけなんです。「現状維持メカニズム」については後で詳しく書きますが、私は、成功の近道は「TTP」だと思っています。

ちょっとたとえ話を一つします。子どもの頃、クラスメートの真似をしたことはなかったですか？　例えば、「あの子の髪の結び方、かわいいなあ」とか「あの子の話し方、面白いなあ」とか。

ここでちょっと聞きたいんですが、あなたは何かについて「真似をする」ことってどう思いますか？　往往にして「真似」についてネガティブに捉えがち、というか「真似すること」を遠慮してしまう人が多いんじゃないでしょうか？

でも、実は「自分力」を高めていくための近道は「成功している人の真似」をすることなんです！

今をときめく大手企業だって「真似」して大きくなっているんです。例えば、インターネットショッピングモールの楽天市場だって、家具販売大手のニトリだって、アイリスオーヤマ、湘南美容外科もそう。「真似」することは悪いことでもなければ、恥ずかしいことでもありません。

職人の世界でも「見て盗め」「技を盗む」なんてよく言いますよね。悪いところはもちろん真似しちゃダメだけど、他がやっている良い取り組みはどんどん自分で取り入れていくべきなんです。

私は、周りの人に「TTP」することを勧めています。世界中で物議を醸した「環太平洋パートナーシップ協定」のことじゃないですよ（笑）それは、「TPP」！

私が提唱するのは**「徹（T）底（T）的にパクる（P）」**、略して「TTP」！

他のうまくいっている人の良いところをパクる。徹底的にパクる。そして、それを自分に再配置する。これが成功の近道なんです。「真似る」「パクる」だとちょっと気がひけるかもしれないけど、不思議なことに「ＴＴＰ」って言うといい感じでしょ（笑）。

是非、これを読みながら口に出して言ってみてください！「ＴＴＰ」！

じゃあ、具体的に「真似する」＝「他者の良いところを取り込んでいく」のがどういうことかを説明していきます。

例えばですが、あなたが印刷会社の営業マンで、同期にとっても営業成績が良い人がいるとします。その同期の人は、常識とは違う何かをしている可能性が高い。

例えば、営業先を訪問した後に必ず手書きの手紙を出しているとか。

それが、その同期が優秀な営業成績を上げられる要因の1つだとしたら、あなたもこの手紙を書くことを、早速真似してみよう！　そして、分析してみることが重要なんです。

手紙を書き始めてみたけれど、営業成績につながらなかったら、何か理由があるはずです。

少なくとも同期は成果を出せているのだから。その人にやり方を聞いて徹底的にパクる。ひょっとしたら手紙の書き方が悪いのかも。文章が長すぎるのかもしれないし、タイミングが遅すぎるのかもしれない、とかね。分析して改善していくことで結果につなげる。

私の知り合いに超売れっ子の銀座のホステスがいる。ただ、その人は最初から売れっ子だったわけじゃない。それどころかその人は元々は垢ぬけなくて、会話も下手だった。その人も、売れっ子になるために「ＴＴＰ」を実践したんです。

ホステスの多くはスタイルがいい。スタイルのいいホステスたちは、同伴等が多くあるから太らないようにカロリーコントロールを徹底している。カロリーオーバーにならないよう食事に気を使うのはもちろん、スポーツジムに通い、家に帰ってもストレッチ運動をするなどして、体形維持に励んでいたりする。

その売れないホステスは、売れっ子になるためにまずそれを真似した。ホステスとして働いているから、目標とする人たちはたくさん周りにいたんだ。いつも観察し、「ああ～綺麗だなぁ」と眺め、ダイエットやシェイプアップのモチベーションを維持した。

その売れないホステスは、次に髪型と服装を変えた。「女性でも憧れてしまいそうになる」と思うような素敵な先輩ホステスがいて、その人の真似をしたらしい。通っている美容院を聞き出し、同じヘアスタイルにし、服装も、お手本となるホステスがいつも身につけている服やバッグがどこのブランドなのかをリサーチして真似した。

そして接客術も真似した。売れっ子の先輩がやる、お客さんの前にそっと手を回すタイミングや、気を持たせる台詞の1つ1つを頭に叩き込み、自分でもそれを徹底的に真似したそうです。

つまりは完全にパクったのです。その人は、パクリのネタ元になっている先輩ホステスから、「あなた、私のパクリばっかりじゃないの!」と言われても気にしなかった。それどころか「先輩が素敵すぎるから、つい真似したくなっちゃうんです~♡」と冗談交じりに言っては、常に真似する機会を狙っていたそうです。

不思議なことに、その人は「人の真似ばかりするダメ女」と周りから嫌な顔をされることもなかった。遠慮せず、あっけらかんと振る舞っていれば、たとえ真似ばかりしていても人は笑って受け入れてくれるのです。

ここまで読んでも、中には「人の真似や後追いをするのはちょっと……」と思っている人もいるかもしれません。

確かに、自分独自のスタイルを貫くというのは素晴らしいことだと思います。

でも、成功経験も無い中で、初めから「オリジナリティ」「独自性」にこだわりすぎるのは、ビジネスではうまくいかないし、ビジネスで「自己流」「独自で」やると最初はうまくいってもいつか限界が来る。

成功への近道は、良いお手本をパクることに徹した方がいい。0から1を生み出すのは大変。だからすでにある他の1を真似するところから、より優れたものに改善していく。いい成果を出せる人をよく観察して、その言動や仕草、身なり、雰囲気を「ＴＴＰ」することで、やがては自分自身のものになっていくんです。

私も、成功を掴むために、成功を掴んでいる人をメンター（師匠）にしてＴＴＰすることから始め、様々な分野の成功している人たちを観察し、その良いところをどんどん取り込んでいって、徐々に自分流に改善していったのです。

是非、あなたも遠慮せず、メンター（師匠）を見つけ、「ＴＴＰ」してみてほしい！

「ＴＴＰ」徹底的にパクる！

「再配置」してみる

ここまで読んで「ＴＴＰ」と言われても、「例に挙がっているのは私とは違う業界の話だし、そんなこと言われてもね〜」と思っていませんか？

そこで次に、「再配置」について書いていきます。「ＴＴＰ」と「再配置」は是非、セットで覚えてほしい。

実はこの「再配置」というのは結構、ビジネス上では重要で、頻繁に行われているることなんです。そして、この「再配置」によって成功している会社がたくさんあるんです。

例えば、今や当たり前になったファミリーレストランの「ドリンクバー」。このサービスの仕組みは、お客さんにとっては定額制でお得感がありますよね。こうした定額制でお得感を演出した売り方を携帯電話業界に取り入れ、「通話し放題」ができたり、レンタルビデオ屋でも「定額で借り放題」みたいなものもある。あらゆる業界にも波及しているんです。

この「再配置」の考え方は日常生活にだって応用できるし、アイディアを0から編み出す労力とは、比べものにならないほど成果が出やすいのです。この「再配置」をどうやっておこなっていくか「工夫」が必要です。いつの時代も「工夫」ができる人が成功しているのです！

工夫とアイディアで新しい時代を切りひらこう！

第4章

『仕組み』が豊かさを運んでくる

『仕組み』

突然ですが、あなたは『仕組み』と聞いてどんなことを思い浮かべますか？

多分、多くの人が「言葉は聞いたことはあるけど、ぱっと思いつかない」んじゃないでしょうか？

日本人は特に教育を受ける過程で、いつの間にか勤勉に真面目に働かなくてはいけないと刷り込まれてしまっているんです。

でも、ハッキリ言います。『仕組み』を理解し、稼げるシステムを作ることが「成功」の鍵とも言えるんです。

考えてみてください。一番稼げる・儲かる方法は、どんなことだと思いますか？

もし、「給料が高そうな会社に勤めたい」、「時給が高い仕事に就きたい」と考えているのであれば、あなたは大成功は難しいかもしれません。

それは、時間を切り売りして、その対価として給料をもらう「労働収入」（１馬力）での限界は明らかなんです。

どんなに頑張っても１日は24時間しかないし、１年は３６５日しかない。ということは、24時間×３６５日が１年の限界になる。実際には、寝なくては死んじゃうし、食べないと死んでしまう。お風呂にも入らないとまともな社会生活もできません。

睡眠や通勤、食事、着替え、トイレなど、1日の10時間は仕事以外のことにあて、1日14時間くらいが、労働時間の限界だと思う。これ以上は、工夫しても難しいだろう。

「それじゃ、睡眠時間を1時間つぶして、15時間働けばいいじゃん！」という発想の人はヤバイ。それはもう「労働収入脳」に洗脳されている証です。

勘違いする人がいると思うので、言っておきますが、「労働収入」がダメといっているわけではないんです。働き方は1つではないと思うし、稼ぐ方法は他にもあることを知ってほしいんです。

まずは、今まで書いてきた「労働収入」です。そのほか経営者や個人事業主は、「成果報酬」です。そして、最後に特定の利権（仕組み）を持った人が得る「権利収入」があります。

働き方は1つじゃないといけないなんて、誰が決めたんですか？

2つの収入があってもいいと思います。

ただ、ビジネスというのは、究極の言い方をすると、いかに少ないコストや時間・労力で稼げるか。労働収入の考え方だけでは、どうやっても時給以上の報酬はありません。

だからビジネスとは、「工夫・アイディア」の連続であり、『仕組み』＝「多馬力の稼げるシステム」を作り出すことに他ならないのです！　もちろん、そのためには時間やお金の投資が必要になってくるし、労力も割いて努力する必要があります。

じゃあ、具体的に『仕組み』ってどういうものなのか？

有名な物語「パブロとブルーノ」というお話があります。
パブロとブルーノという、今の暮らしを良くしたいという夢を持つ田舎に暮らす青年２人のお話です。

２人は常に、どうやったら欲しい牛を手に入れたり、家を買ったり、村一番の成功者になれるかを考えながら暮らしていた。

そんな時、２人が暮らす村の村長が、遠く離れた山の湖から村に水を引いてくる仕事に２人の若者を募集する。パブロとブルーノは、この仕事に応募し、採用され、着手することになった。仕事の給料は運んだ水の量によって決まるというルールだ。

パブロとブルーノの２人は、最初のうちはどちらもバケツを使って、湖で水を汲み、村と湖を往復することで水を運んだ。でも、パブロは毎日の疲労がひどいので効率が良く、楽に水を運ぶ方法はないかと考えていた。

そしてパブロは、湖から水道管のようなパイプラインを引き、町に水を流すアイディアを思いついた。パブロはブルーノに一緒にやろうと声をかけたが、ブルーノはバカにして取り合わなかった。それからというものパブロは平日はバケツで水を運び、休日は一人でパイプラインの工事に取り組んだ。

一方、ブルーノは「バケツのサイズを大きくする」、「湖と村の往復回数を増やすこと」だけが給料をあげる方法だと考え、日中労働をしては、酒場でビールを飲むという日々を繰り返していた。

パブロがいそいそと製作しているパイプラインは、何か月経ってもなかなか完成しなかった。周りからは「パブロは何をしているんだ」「そんなことムリだよ」と、バカにされていた。この段階では、ブルーノの稼ぎの方が多い状態で、パブロは周りから否定されていたんです。

それから2年後、状況は激変することになる。2年の時を経てパイプラインがようやく完成し、湖から村に水が流れるようになった。パブロのパイプラインは、人力の2倍の量の水を運べ、パブロが食事をしていても、寝ていても、バカンスをしていても、水が流れ続け、パブロは莫大な収入を得るようになりました。

このお話、簡単に言えば「人の肉体労働（1馬力）」と「仕組み化されたシステム（多馬力）」のどちらが長期的な目線で成功するか、収益を得ることができるかということです。

もし、あなたがブルーノに強い共感を覚えるのであれば、もうこの本を閉じてください。

この章の最初にお伝えしましたが、ブルーノ思考の人は一馬力の報酬の良さそうな仕事でもすればいいし、時給の良いアルバイトを見つければいい。時間を切り売りする労働の考え方から抜け出せないなら、あなたは今以上の成功を手に入れることはできないだろう。

ちなみに、パブロとブルーノのお話はかなり有名で、YouTubeでもアニメーションで約9分で見ることができる。是非、見てみてください。

一馬力と多馬力のちがい

パブロとブルーノの物語
是非、見てください！

https://www.youtube.com/watch?v=3yOzEJgSdRU

世界は『仕組み』で動いている

パブロとブルーノの話は物語だけど、現実の世界での『仕組み』にはどんなものがあるでしょう？

今この本を読んでいる人は、多分何かしらの「保険」に入っているんじゃないでしょうか。「生命保険」とか「学資保険」とか「火災保険」とか。実は、「保険」をはじめとする金融のしくみはユダヤ人社会から生まれました。

ユダヤ人が数々の業界で目覚ましい活躍をしている背景には彼らが『仕組み』作りの天才であったことに他ならない。彼らのビジネスの成功法則は、小さく事業をスタートさせて、コツコツとした努力を積み重ねて拡大させていくものだ。

例えば、ＭＧＭ（メトロ・ゴールドウィン・メイヤー）の前身となるゴールドウィン・ピクチャーズの創業者であるサミュエル・ゴールドウィンは、少年時代から手袋製造工場で勤勉に労働し、給料をコツコツと貯めたものを資金に、当時まだ目新しかった映画産業に投資し、大成功を納めました。

成功をその手に掴むために、努力や投資は必要不可欠なんです。

そして、そのコツコツとした努力は、長期的に機能する『仕組み』を作るためにすべきなのです！

ユダヤ人の商法について詳しくは、「ソフトバンク」創業者の孫正義さん、「ユニクロ」の柳井正さんなど、日本を代表する経営者が若い時に読み、影響を受けたと語っている、日本マクドナルド創業者、藤田田さんの『ユダヤの商法』（ベストセラーズ）を是非読んでみてほしい。何かヒントがあると思います。

もう1つ、本を紹介したいのですが、『金持ち父さん貧乏父さん　アメリカの金持ちが教えてくれるお金の哲学』（ロバート・T・キヨサキ著　筑摩書房）です。この本もお金と『仕組み』についてとてもわかりやすく紹介している。

少し内容を紹介すると、9歳の少年が全く考え方が違う2人の父から異なる教育を受けたという話だ。1人は貧乏父さん、もう1人は金持ち父さんという。

貧乏父さんは、「お金は諸悪の根源だ」と言った。

金持ち父さんは、「お金がないことが諸悪の根源だ」と言った。

貧乏父さんは、「それを買うお金がない」と言った。

金持ち父さんは、「それは禁句だ。どうやったらそれを買うお金ができるかを考えなさい」と言った。

貧乏父さんは、「お金持ちは税金をたくさん払って、お金のない人たち助けるべきだ」と言った。

金持ち父さんは「税金は働く者を罰して、働かない者を楽にさせる」と言った。

貧乏父さんは、「しっかり勉強しろ。そうすればいい会社に入ることができる」と言った。

金持ち父さんは「しっかり勉強しろ。そうすればいい会社を買うことができる」と言った。

貧乏父さんは、「会社や政府が職員を一生面倒見るべきだ」と疑わなかった。
さらに、貧乏父さんは、「職業が一生涯安定していて、そしてそれよりも福利厚生が何より重要だ」と言った。

金持ち父さんは、「経済的に１００％自由で独立することが重要だ。年金の受給にも強く反対だ。それは弱小でお金を他人に頼る人間を作るだけだ」と言い、「重要なのは、お金を稼ぐ能力（自分力）があるかどうかだ」と言った。

簡単にまとめている動画が YouTube にあります。このＱＲコードからアクセスしてみてください。

https://www.youtube.com/watch?v=pAHyrGILjTI

あなたはどっちの考え方を選びますか？

第5章

成功のパターンと潜在意識の秘密

あなたは人間関係を、どう捉えていますか？

突然ですが、あなたはウルトラマンとバルタン星人は、どちらが正義だと思いますか？

多分、とっさには「ウルトラマン」と思う人が多いと思う。

でも、バルタン星人が地球に来たのは、次のような背景があったと知ったらどうでしょうか？

バルタン星人は、故郷のバルタン星が環境破壊により住めなくなり、移住先を求めて地球に来た。バルタン星人は、環境が良い地球に住みたいと考え、家を建てようと整地を始めた。すると、地球の科学特捜隊がやってきて、バルタン星人はいきなり撃たれた。その痛みにのたうちまわっていたら、今度はウルトラマンが来て、バルタン星人は殺されてしまった。

故郷に残されたバルタン星人の妻と子どもが、父を失った悲しみに打ちひしがれ、ウルトラマンはバルタン星人を殺した殺人者として賞金をかけられ、指名手配された。賞金首となったウルトラマンを追って、たくさんの怪獣たちが地球に向かったものの、次々と返り討ちにされてしまった。

もちろんこの話は創作ですが、何が言いたいかと言うと、「バルタン星人にはバルタン星人なりの正義がある」ということ。客観的な正義などはどこにも存在せず、10人いれば10通りの正義がある。バルタン星人の正義とウルトラマンの正義、科学特捜隊の正義もハヤタ・シン隊員の正義も違うのです。

でも、ただ自分の正義と相手の正義をぶつけるだけでは、最後は戦争になってしまう。現実に、あなたの周りも、そして、世界もこういう状況なんです。

国家間の問題は複雑ですが、日常生活において私たちが学ばなければならないのは、相手やものごとの背景です。背景を知れば、より状況に合った適切な対処ができるはずです。

例えば、商談でこんなやり取りがあるとします。

取引先「納入価格をあと10%下げてほしい」
あなた「昨年下げたばかりですから無理です」
取引先「では今後の取引は打ち切りで」と。

こんな結果を持って帰っても、上司から「コイツ使えねえ」の烙印を押されるだけでしょう。

しかし、例えば、

取引先「納入価格をあと10％下げてくれませんか」
あなた「昨年下げたばかりですが、何かありましたか？」
取引先「いやあ、コストが厳しく、上司から詰められていまして……」
あなた「そうですか、しかし厳しいのはウチも同じで……。では、10％下げる代わりに、納品数をあと10％増やしてもらえませんか。それなら御社もウチもメリットありますよね」

というふうに、着地点を目指して交渉するはずです。

同じように、科特隊やウルトラマンがまずやるべきだったのは、「バルタン星人さん、なぜ街を壊すんですか？　地球の人が困っているのでやめてください」などと、話し合うことではなかったでしょうか。

そして例えば、「地球人と同じ大きさになってもらう」「地球の法律・文化に従ってもらう」「バルタン星の科学力で、地球に貢献してもらう」などの交換条件をすりあわせて折り合いがつけば、落としどころや良い解決策が見つかるかもしれません。そうなれば、バルタン星人の妻子を路頭に迷わせることもなかったのではないだろうか。


自分ごとで考えてみて欲しい。人間関係でも同じです。最初から自分の意見を押し付けるのではなく、まず相手の動機や理由などを確認することが必要です。聞けない場合でも、できるだけ相手の事情や気持ちを読み（リサーチ）、想像力を働かせるべきです。

でも多くの人は、前述の商談の例のような「どうされたんですか？」の**一言**

すら言えないんです。

ちょっと自分にとって気に入らない態度を取られたら、「あの人は私のことが嫌いなんだ」と勝手に決めつけ、自分からプイッと距離を置く。

相手に悪気はなく、たまたま悩み事があったのかもしれないとか、たまたま忙しくて余裕がなかったのかもしれないとか、想像すらしようともしない。

自分のモノサシだけで相手を判断するのではなく、事情や背景を想像（イメージ）したり知ろうとする姿勢が、人間関係を円滑にしてくれるだけでなく、より相手のニーズに合った提案ができる。それが、仕事の成果にもつながってくるのです。

視野を広く持ち、大きな「うつわ」で相手を受け入れよう

成功の合言葉

私がいつも心で唱えている3つの合言葉がある。何かに悩んだ時、問題が起きた時、判断をせまられる時に唱えます。

それは……

1　できないと思ったら やらなければならない！

２　怖いと思ったら やってみる！

３　誰もやらないことは 自分がやる！

人は、今までにない、何かにぶちあたった時、まず、自分の中の潜在意識が「否定」してくる。「どうせできないだろ」「私にはムリだ」と。

そして、多くの人は、「どうせ○○だろう」「今までも△△だったから」などと過去の経験や周りの人の言葉から「やらない方がいい」、と決めつけてしまう。

でもビジネスにおいて、従来の考え方にとらわれず、行動していくことが、チャンスになる可能性が大なのです。

誰もがやらなかった「何か」が大きなビジネスチャンスを持っていることがあったり、難しいと思っていたことがやってみたらなんてことなかったとか、そんなことが多くあるはずなんです。

もう一度言います！「怖いと思ったこと」、「できないと思ったこと」、「誰もやらないこと」は、「自分がやってみる」が合言葉です！

この本を読んでくれているあなたにとって、怖いと思うことは、どんなことでしょうか？

例えば、直属じゃない上司の人と飲みに行ったり、ランチを誘ったりすることとも「怖い」とか「近寄りがたい」って感じてしまったりするんじゃないでしょうか？

でも、そんなふうにちょっとでも怖いと思った時こそやってみてください！

成功している人は、怖いものの中に、本物のチャンスが潜んでいることを知っているのです。そして、その中へ飛び込み、リスクを取って立ち向かっていくのです。

成功者はハイリスクなものに対して、「何度も失敗したとしても最終的にトータルでプラスになればいい」と考えるから飛び込んでいけるのです。

もちろん、誰だってリスクに立ち向かうことはとても怖いことだし、失敗することも、結果的に大損する不安だってあります。

ただ、そこから得られるメリットもよくわかっているので、それが、怖くてもチャレンジすることによって金銭的なメリット以上に、学びや人とのつながりとしてのメリットがあると考えているのです。

今回の例えで、やることは「ただ声をかけることだけ」だから。もちろん、断られるかもしれないけど、言うのはタダだし、それに、快く応じてくれるかもしれない。

そして、そこから新しいチャンスが広がるかもしれない。もし、誰かに声をかけることすら「怖い」と思っている人なら、「怖いことはやってみる！」を思い出してみてください！

例えば、出張に行く時に新幹線に乗りますよね？

例えば、あなたは東京都で働いていて、午前中に会議をやって午後に名古屋に移動する予定だとする。午前中の会議がちょっと長引いてしまって、移動が遅れてしまった。

東京駅の改札にたどり着いたのが、乗車する予定の新幹線が出発する5分前だったとしよう。その時、あなたはどうする？

「間に合わない！」と思って、あきらめるか？

それとも、急いで新幹線のホームまで走っていくか？

この本を読んでくれているあなたがもしこれと同じ場面だったら、新幹線のホームに走って行ってほしい！

これがまさに、「できないと思ったらやってみる」ための行動なんです。多分、日々この新幹線の例のような「間に合わないかも！」みたいなことにはいっぱい出くわしていると思う。

是非、今日からそういう時は「やってみる！」の精神で行動してみて欲しい。行動もせず、起こるかどうかもわからない恐怖に怯えていてはダメ！

まず、なんでも行動してみよう！

誰とつるむか

私自身の経験の話ですが、私は一流経営者の集まりの情報をキャッチしては、興味が惹かれたものだけには飛び込んで行くようにしています。

知らない世界の人たちがたくさんいる場、しかも、自分よりも成功している人たちの集まりに飛び込んで行くことは、とても勇気がいることです。

変な視線を向けられたり、嫌な気分も味わった。辛いと感じる瞬間ももちろんあった。いつもと同じメンツでつるんでいる方が楽だし、ストレスも少ないのはわかっている。

でも、いつも通りのことを繰り返しているだけでは、成長は止まってしまう。自分と同じステージ、同じ環境の人とばかり一緒にいると、どんな話でもツーカーで通じるし、コミュニケーション能力が次第に衰え、そして、やがて違う視点で世の中を見ようとする意欲も減ってしまう。刺激のない状態が続いたせいで感覚も鈍ってしまう。だから、常に良い刺激を受けるためにも、あえてストレスを受ける場にどんどん飛び込んでいく。

なぜなら、すごい人の周りには、すごい人がいるからです。

そんなすごい人たちと共有する時間の中で、普通の人とは全く違った考え方や、全く異なる行動原理が見えてくる。気づくと、たいして教えてもらったわけではないのに同じように考え、同じように行動するようになる。

成功者の子どもさんが考え方や行動を知らず知らずのうちに親から吸収していくのと同じように、「一緒にいるだけ」で身についていく。気がつくと圧倒的な成長を遂げていることに気づかされる。

実際、私の周りには年収1億円程度稼ぐ人ならごろごろいる。

これを読んでいるあなたにも是非、いつも自分がいる世界とは全く違う環境で活躍するすごい人たちが集まるような場に出かけて行ってみてほしい。きっと、あなたの成功に役に立つような情報（言葉）や考え方を学ぶことができるはずです。

すごい人とつながった数と比例してチャンスを増やすことができる。だから、「場違いかな」と思うようなところに積極的に飛び込んで行って欲しい。

誰とつるむかで、あなたの成功への確率が高くなる

メンター（師匠）を見つけよう

前項でも書いたように、「誰とつるむか」はあなたの成長には非常に重要な要素なんです。要は、あなたは誰をメンター（師匠）にするかということ。

あなたが今後、どんな環境に身を置いていくか。どんなメンターを選ぶかであなたの人生は決まると言っても過言ではないのです。

メンターを決めるには、**その人が本当に稼いでいるのか**、よく見極めることが重要です。

世の中には自己啓発本をはじめとして「成功するための法則」だとか、「億万長者になる方法」といった書籍があふれています。中には何十万部、何百万部といったベストセラーを記録している本もあります。

自己啓発本を読むのは「成功したい」、「お金持ちになりたい」、「変わりたい」と思っているにもかかわらず、なぜ、億万長者になっている人はこんなに少ないのでしょうか（67頁参照）。

つまり、読んで頭で理解しただけの人が多いのではないか、と私は思います。頭でっかちになっていて、頭と身体が一緒になっていないのです。

それに、**成功したいなら、本当に成功している人のアドバイスを受けなきゃダメだと思います。**そういう人をメンター（師匠）にするべきなのです。

それは、あなたが目指す成功の分野に精通している人なら、誰でもいいわけじゃありません。これからメンターを探し、人を見極める上で重要なことなので、覚えておいてください。

たまたまブームで、一度だけ成功した一発屋とか、過去の栄光から、昔はすごかったとか、自慢するような人ではなく、何度も0になっても、また1から立ち上がり、成功を作り上げた人で、今も継続して成功しているかを、よく見極めることが重要です。

さらに、人を育てる情熱がある人こそが、メンターとして望ましいと思います。

たまたま一度、うまくいったことがある人は、たまたまその時代、そのブーム的な環境という条件下だったからうまくいっただけで、口先だけの人が多いので気を付けてください。**甘い言葉をささやく人にも要注意です！**

状況の変化が早く、少し前のやり方はすぐダメになってしまうこの時代に、一度だけ成功した人の真似をしても、うまくいく可能性は低いのです。
一度うまくいっても、それを継続していくことはどれだけ難しいことか、時代の流れを見てもよくおわかりだと思います。成功のためには、その道をすでに通ったことがある人で、何度も何度も成功している人から学ぶことなしに、その道を極めることは難しいのです。

見極めよう！

いるべき時、いるべき場所にいる人

尊敬するメンターを見つけたらできるだけメンターの近くにいてほしい。

私は、どんな人が成功者になれるか、と聞かれた時、「いるべき時に、いるべき場所にいる人」と答えています。

あなたも、「今日、いま、この場所にいるべき」という人がいない、という場面に遭遇したことが多々、あるのではないでしょうか?

なぜか肝心な時に、いない。逆に、普段はマメに行動しているわけでもないけど、大切な時には間違いなくその場にいる、という人がいますよね。

例えば、芸能人になりたいなら、芸能人の友人になるのが一番いいし、ベストセラー作家になりたいなら、ベストセラー作家の友達がいればアドバイスをもらえますよね。成功したいなら、あなたが思い描く成功を手にしている人の近くにいるべきなのです。

前項でも書きましたが、なんらかの分野で成功したければ、実際にその分野で成功している人と近い立場で同じ場を共有していると、表には出てこないような貴重な情報や考え方が得られるし、その人たちの生き方、優先順位の付け方や決断のメカニズムがなんとなくわかってくるのです。

ですから、あなたのメンターや価値ある人からのお誘いには、多少無理してでもなるべく「ＹＥＳ」か「はい！」か「了解しました！」の返事をするべきです。

「今すぐ飲みに行くぞ！」と言われたらもちろん「はい！」。
「○○の件、明日までにやっといて」と言われてももちろん「はい！」。
「△△に明日の朝6時に集合」と言われてももちろん「はい！」なんです。

多くの人は次があると思っていて、気軽に「今回は行けなくなりました」とか、「これに懲りずにまたお誘いください」なんて言う人がいますが、それは考えが甘いのです。

最初のお誘いを断ったら、次は絶対にないと思ってください。
それくらい、いるべき時にいるべき場所にいるということは重要なのです。

もう一度言います。いるべき時、いるべき場所にいる人は、そのチャンスを掴むことができる。

逆に、いつも頑張っているのに、いるべき時、いるべき場所にいない人は、大事な時にそのチャンスを逃してしまう。9回勝っているのに、たった一度の負けで全てを失う人もいるし、9回負けていても、大事な1回で勝つ人もいるのです。

そこで大切なのは、あなたがどのチャンネル（成功）に合わせているのか、どこに向かっているのか、何を目指しているのか、どんなビジョン（視点）を持っているのかが重要なのです。

そのビジョンをもって、先まで見通し、行動を選択している時に、初めてあなたがいるべき場所、あなたがいるべき時（タイミング）が見えてくるのです。

そして、成功するためには、ある地点まで来ると、自分以外の力が不可欠になります。逆を言えば、他人の力を借りること無しに、成功することは難しいのです。

タイミングや機会(チャンス)を逃さない

学んだら、即行動！

メンターから学んだことを、ただ学んだままにしておくだけじゃダメなんです。丸ごと真似（ＴＴＰ）してほしい。大切なことは、学んだことをすぐ実践していくことなんです。

有名な哲学者、ルソーのこんな言葉がある。

「知るは凡人。やるは偉人」という言葉です。

セミナーや研修会に参加して、有益な情報を手に入れたら、即行動です。誰よりも早く行動し、誰よりも多く行動してみることです。

動くことで必ず、何かが変わります。

例えば、成功本を１００人が読んで、実行する人が10人、実行し続ける人が３人だとしたら、あなたが仲間にしていいのは３人だけだし、場合によっては仲間ができないかもしれない。行動していない90人や実行しても途中でやめてしまう７人と話をするからおかしくなるのです。

他人がいう言葉をよく注意してみよう。

「たくさんのみんなが○○と言っている」

「一般的には〜〜だ」
「△△と言う人が結構多い」

こう言う人たちに「それって具体的には誰？」と聞くと、せいぜい2〜3人だったりする。それは勉強しているけど、実行していない人の意見でしかないんです。

成功者が最も大切にしていることを特別に教えると、彼らは儲けることよりも、**「信頼されること」**を優先し、日々、1つ1つの小さな信頼を積み重ねようとしている。それが「自分力」になるからなのです。

信頼が99%、スキルは1%だと考えている。皆さん、逆じゃないですか（笑）。だから、成功者は始めたことを続けることで、「信頼が生まれてくる」、ということを知っているんです。

一方、信頼が得られない人は、次から次へと新しいノウハウや情報に飛びつき、続けられず、信頼を得られないという負のサイクルに入っていくのです。

あなたはどちらの道を選びますか？

ぶれない！　信頼を積み重ねよう

今この瞬間はもう来ない

人生という「車」において、なんとしてもあなたは「運転席に座る人」にならなくてはいけない。

もちろん、助手席に座っていても、目的地には到着できる。しかし、大抵の場合、その目的地は運転席に座る人が決定した場所であり、助手席に座る人が行きたかった場所であるとは限らない。

人生も同じです。誰かに、引っ張ってもらったり連れて行ってもらったりすることはできる。でも、人生は連れて行かれた場所からは、簡単に後戻りはできないんです。

こうしたことについてイギリスの劇作家バーナード・ショーは次のように語っている。

「人々は常に今の自分を環境のせいにする。私は環境などあてにしていない。この世に身を立てる人というのは、自分で立ち上がり、望む環境を自分で探す人たちである」と。

どうだろう？　今までのあなたはどっちでしたか？

人生は自分で作るもの。遅いということは無い。

もちろん助手席に座っていた方が楽だろうし、つつがない人生を送ることだってできるかもしれない。でも、人生は1回しかないんです！

「忍耐強く生きていれば、後で良いことがある。死んでから天国へいける」なんて自分をごまかすのはもう、やめよう。天国と地獄の分岐点で閻魔様に「お前はやりきったのか？」と聞かれた時になんと答えますか？

今を変えられるのは、あなた自身でしかいない。もちろん、誰もそのことについてアドバイスなんてしてくれやしない。

結局、自分の人生は自分で答えを出すしかないんです。他人の指図に従うだけの人生や、与えられた環境を過ごすだけの日々では、必ず不完全燃焼な人生になってしまう。そうすると絶対にいつかどこかで後悔する。

だからこそ、たとえ間違ったとしても、自ら決断して、自分の意志で選択し、行動する習慣を身につけるべきだと思う。これこそ、「自分力」を身につけるための必須要素なのです。

難しいことをやらなくてはいけない、ということでは全くありません。

「今日やると決めたことは今日やりきる！」それだけなのです。

やりきらない、中途半端な人は手に入るものが限られます。本来、全てが手に入るはずのものでも6～7割で止まってしまうのです。

営業の仕事で成約に至っても、それは6～7割です。その後の仕上げの3～4割に力をいれて、フォローアップして、フォローのフォローをしているから、相手は確実にあなたのファンになってくれるのです。

そこまで、していますか？

何かをやりきって、1日1つ成功するということを積み重ねていけば、それが、成功に近づいていくということなのです。

今日やると決めたことは今日やりきる

「失敗」は成功のステップ！

「失敗」と聞いてあなたは何を感じますか？

嫌な思いですか？
それとも、後悔ですか？

私は、**「失敗こそ自分が成長するためのエネルギーである」**と思うのに、「失敗は罪悪」という方程式が、日本の社会には深く根付いていると思う。

「ヘマをするな」、「慎重にね」、「危ないよ」等、あなたはこの言葉を職場や学校、家庭で小さい頃から何度も言い聞かされてきたのではないでしょうか。今の日本社会には、大人から子どもにまで失敗を許さない風潮が蔓延していると思う。

あるいは、際立って成功しなくてもいい。そこそこの成果を上げ、まあまあの生活ができればいい、という意識もあなたの中にあるのではないだろうか。

一方、海外はどうでしょうか。例えば、アメリカでは普通の成果を上げてもなかなか評価してもらえない。逆に、積極的な失敗にはとても寛容だ。

日本のプロ野球で、チャンスボールを凡打して引き上げてくる選手に向かって監督が怒鳴る。「こんなチャンスで打てないようでは、まだまだだ。もう一度、二軍で調整するか?」という言葉を浴びせかける。日本は失敗を嫌う思考だ。

一方で、同じ状況でのメジャーリーグではどうかと言うと、「ナイスフルスイング!　今度やり返せばいい」となる。

結果として日本では、「失敗するなというメッセージ」が頭の中に充満している。例えば、「もう歳だから」「やったことがないから」「知識もないから」などなど……と、やりもしないで、努力をする前に白旗を上げてしまうのだ。

どうだろう?　そんな人が成功すると思いますか?

思いませんよね?

私も幼いころから変わっているとは言われてきたけれど、アメリカだったら普通の人だったろう。日本人がおとなしすぎるから、人よりも目立つことができたんだと思う。だから、日本で成功したいなら、ちょっと抜きんでるだけで人より成功することができるのです。

かのトーマス・エジソンも電球を発明する時、1000回もの失敗を繰り返したが、こう言った。
「私は失敗をしたことはない。何通りかのうまくいかない方法を見出したのだ」と。

考え方を変えるだけで、あなたはきっと今までできなかったことに挑戦できるようになるはずです！

失敗しない人は成功もしない！

あなたの常識を疑え！

唐突ですが、質問です。

１００円玉は四角いですよね？

えっ！

おそらくほとんどの人は、「何言ってんだ！　１００円玉は丸でしょ！」と思ったと思います。

それでは、自動販売機の投入口を思いだしてみてください。

コインを入れる口はどういう形でしょうか？　横に長い長方形じゃないですか？

そう、１００円玉は真横から見ると、四角なんです。

答えは、「丸」でもあり「四角」でもある、が正解なのです。

物事は、見方によって見え方が違うということなんです。

固定概念で１００円玉＝丸いと考えてしまうけど、見方を変えることで四角にも見えるんです。これは、日常生活やビジネスにおいてもとても重要なんです。

大人になってからの勉強というと、ビジネスに関する知識やスキルの習得に目が行きがちですが、それは重要じゃないと思う。なぜなら、ビジネスの根本は人間同士のやり取りだからです。

人はそれぞれ、個別に利害や思惑を持っている。だから、理論や理屈だけでは動かない。ましてや自分の思い通りになんて動いてはくれないんです。

色々な変化と対応ができる、成功者の「常識」を身につけることが大切なのです。

いろいろな見方ができるようになろう

あなたの「常識」を変えよう

厳しい言葉かもしれないけど、成功してない友達は「嘘つき」だ。
というか、成功者からしたら、ありえないことを真実であるかのように話してくる。しかも、本人はあなたのためを考えて言っているのだから聞かないわけにはいかない。

世の中のほとんどの「常識」というのは、低所得者層である成功してない人たちの理屈で作られている。ちまたで耳にする「常識」「平均」「基準」「みんな」という言葉は疑わなくてはいけない。

成功したい。高所得者を目指したい人の参考にはならない。もしあなたが高所得者の仲間入りをしたいのなら、世の中の常識をそのまま鵜呑みにしてはいけないと思う。

あなたに善意の嘘を言ってくれた人は今、成功していますか？

「もしかしたら今の自分は間違っているかも？」と疑うことが第一歩です。

もし、あなたが低所得に慣れてしまったら「お金がない」が口癖になってしまうからです。でも、お金はあるところにはあるし、今も作られ続けています。

さらに、低所得の生活に慣れてしまった親や兄弟も間違っていることが多い。

自分が生きてきた時代や人生、周りの情報を鵜呑みにしているのだから仕方がないんです。

しかし、成功者の常識とは世の中の逆なんです。

世の中には、情報を提供する側と、提供してもらう側がいて、情報を提供する量が多い人がお金を稼いでいるんです。逆にお金を節約する方法を考えている人はお金を使わされているのです。

とは言っても、あなたが長年信じてきた常識を捨てるのは簡単ではありません。とても勇気がいることです。

だから一握りの人しか成功していないし、これが真実なんです。

あなたの「常識」は成功者の「常識」と同じですか？
今すぐあなたの「常識」を疑え！

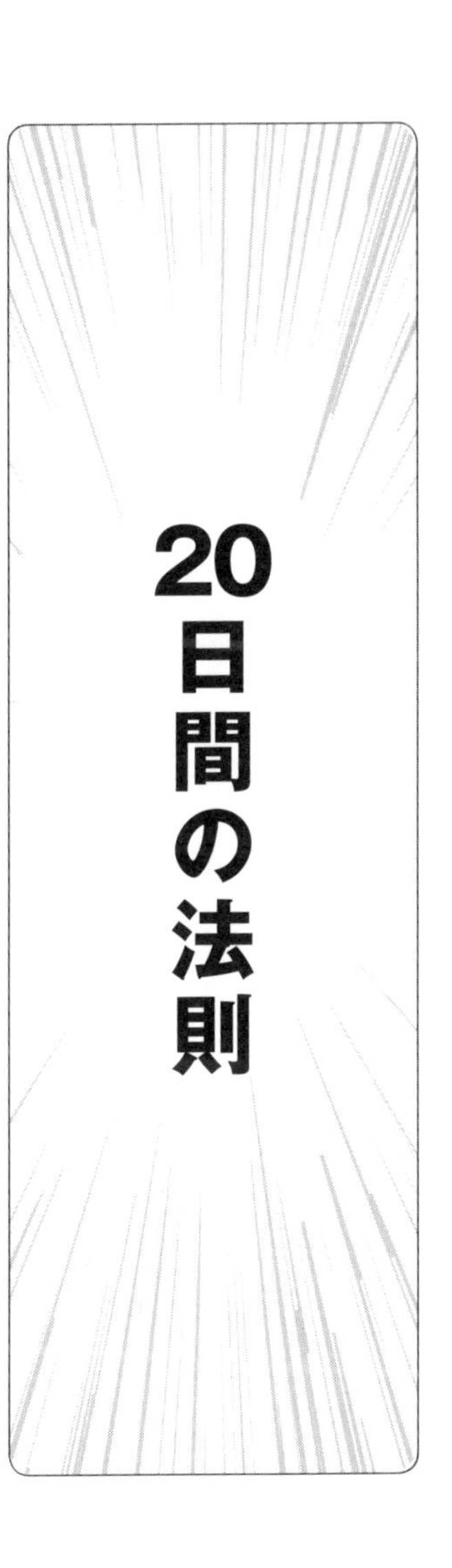

20日間の法則

前著『幸せになる勇気と考え方』で詳しく書いているが、あなたの「常識」を変えるのには一定の時間がかかる。

「20日間の法則」というのがあるのだ。これは20日間続けることができれば習慣化できるというもの。「三日坊主」ということがあるように、人はなかなか習慣を継続させることができない。

それは「現状維持メカニズム」といい、もともと人間がもっている本能で、自分が変わろうとしているのを、心の奥底の「潜在意識」が新しいことを始める自分を邪魔をするからなのです。

でも、20日以上続けられれば、習慣は身につけやすくなってきます。ですから、最初はあまり壮大な目標を立てずに、とにかく20日間続けられる、小さな目標から習慣づけに取り組みましょう。20日間続けることができれば、後は習慣という無意識の力があなたを助けてくれるようになるのです。

習慣とは、身体が覚えることによって初めて、習慣になるのです。**成功の習慣を作るには、現状維持メカニズムを理解することが大切です。**

習慣が機能し始めると、成功への一歩が開かれる

「潜在意識」をコントロールする

ここで少し、潜在意識について書いておこうと思います。

世の中には、自分の思った通りに生きている人と、思った通りに生きられない人がいます。この両者の違いは、実にシンプルなのです。

ズバリ、人生を思い通りに生きられている人は、**「潜在意識の法則に従って生きている」**からなのです。私もそのことに気づくまでは大変でした。

潜在意識とは、文字どおり心の奥底に潜在的に存在している意識のことであり、無意識のうちに感じていたり考えていたりすることを言います。簡単にまとめてしまうと、人間が自分自身を守るための本能のことだったりします。

例えば、今日36度だった体温が明日、34度、明後日は40度になってしまってては身体が持ちませんよね？　こうした、体温の維持機能も無意識のものであり、本能によるものなのです。

あなたが思い通りに生きられていないとすれば、それは潜在意識の法則に逆らってしまっているからなのです。

潜在意識をコントロールするための知識と技術は、身につけることができますが、潜在意識は「無意識」なので、通常は意識的にコントロールできるものではありません。

イメージすることと**知・識・**をつけることによって、その潜在意識をコントロールすることができるのです。これは本当に重要で、これからコントロールの仕方について伝えていきます。

潜在意識は自分自身を守る本能なので、「良い」「悪い」の判断ではなく、現状を維持するために働きます。これを私は「現状維持メカニズム」と呼んでいます。

「成功」している人は、「現状維持メカニズム」をコントロールすることができている人が多いと思います。

自分自身の何かを変化させようとする時、必ずこの「現状維持メカニズム」が足を引っ張ってくるのです。何かを変えるということは、現状を維持することと相反する行為だからなのです。

例えば、ダイエットしようと何か運動に取り組んでみても、その時は一生懸命、ダイエットをしているんですが、1か月も経つころ「なんで痩せなくちゃいけないの。なんでこんなに辛い思いをしなくちゃいけないの」とか「バカらしい」とかなどとダイエットをやめてしまったという経験はないでしょうか？

これも、あなたの中にある「現状維持メカニズム」が働いているからなのです。つまり、潜在意識をコントロールする必要があり、そのためにはまず、潜在意識について知る必要があるのです。

あなたは今までの人生の中で何度も人生を変えたいと思ったことが、あったのではないでしょうか。でも、変われなかった。そうだったんじゃないですか？それは、あなたの中にある現状を維持しようとする、無意識の働き「現状維持メカニズム」が作用していたからなのです。

ここがポイントの言葉です。よく覚えておいてください。

あなたが、成功に向けて変わろうとする時、あなたが少しずつ変わり始めた時、この現状維持メカニズムがあなたを元の状態に戻そうとして働きだします。

これは、どんなに上手に成功イメージを浮かべても、それはただ一度だけ、潜在意識の背中を押しただけにすぎません。またすぐ、元に戻ってしまうのです。

現状維持メカニズムを理解しよう

私の主催する、気づきのトレーニング（サクセストレーニング）は、「現状維持メカニズム」に変化を与えることができる気づきのトレーニングです。

この、気づきのトレーニングは、一度だけの参加では、ほとんどが焼け石に水です。繰り返し、何度も参加することによって、変化が起こり、あなたは新たなステージに進むことができるようになるのです。

過去は変えられない

多くの成功者のすごいところは、過去を振り返らず、いつでも未来を見据えていることにある。成功者は、「常に、先のことを予測し、未来を段取りする習慣をつけることが大事だ」と話している。

しかし、残念ながら、多くの人たちが未来にあまりにも無頓着で、過去に行った不幸な行動や変えられない出来事を嘆き悲しんだり、過去の栄光にすがるばかりである。

あなたの周りにこんな人はいませんか？　いたら気をつけてください！

- **過去の自慢話ばかりする人**
- **過去の成功をひけらかす人**
- **グチが多い人**
- **言い訳ばかり言う人**
- **何事も人のせいにする人**

過去のいいことも悪いことも、良い経験として、感謝し、未来思考に徹することが重要だと思います。これこそがピンチをチャンスに変え、「自分力」を成長させる大きな武器となる。

未来を信じるからこそ、私たちは希望が持てる。

未来には、困難なことが予測されることもあるだろうがしかし、今できる最善の段取りをして困難を克服するために、勇気を持って立ち向かう。それこそ人生を生きる楽しみだ。それが、価値ある人生だと言えるのです。

過去は変えられない。
これからのあなたの未来は変えられる！

第6章

一点突破で、自分らしさを極める

「しか」「だけ」、キリのように一点集中！

すでにご存知の人もいるかもしれないが、ランチェスター戦略というビジネスでよく使用される言葉がある。

「しか」「だけ」の一点集中はランチェスター戦略の1つですが、戦う場所を選ぶことにより、その分野でナンバーワンになることです。実際に日本でも多くの企業が取り入れ、成果をあげています。

成功を手にするためには「しか」「だけ」の一点集中を実践することが重要だ。ここでは、この点について解説していきます。

ここで言う「しか」と「だけ」というのは**限定する**という意味です。例えば、「このエリア『しか』営業しない」「この商品『だけ』売る」といった、一部の領域に特化するという考え方だ。経営の世界ではランチェスターの教えとしてかなり有名なことなのです。

今や有名な「ジャパネットたかた」はまず、長崎県の佐世保市という地域「だけ」でナンバーワンになり、大ブームを巻き起こした「クロックス」はサンダル「だけ」に特化している。私の住む栃木県で有名な餃子店、「みんみん」は餃子「しか」提供していない。ちなみに、私のビジネスモデルも宇宙の源、アミノ酸と水と菌「だけ」に特化している。

特定の事柄に限定し、特化するということは、個人のビジネスにもあてはめることができる。例えるならば、「(扱える商品数やサービスがたくさんあるが)あえて、このサービス『だけ』でビジネスを拡大する」とか営業職の方だと、「この人『だけ』に集中して応援する」といったことになる。

エリアを広げすぎて、収拾がつかなくなってしまったり、取り扱う商品を増やしすぎて、管理しきれなくなってしまうのです。
愚直に、限定し、特化型で物事に取り組んでいくと限られた領域について誰にも負けない強みを手に入れることができるようになる。

成功しない人は、何もかも限定せずにあれもこれもやっていては、強みを作り出すことすら難しいのです。
簡単そうに思えるかもしれないが、「しか」「だけ」を実践することは相当の覚悟と勇気が必要になってくるのです。

あなたの強みを特化するために、月間や日々の目標に「しか」「だけ」を入れて計画を立てていくのが成功の近道だと思う。

あなたは「しか」と「だけ」、できていますか?

中途半端はよそう！

前の項では、「一点集中」の大事さについて伝えましたよね。そして、何よりも中途半端にあれもこれもやってしまうことが一番やってはいけないことだとしっかり覚えてください。

1つの分野でナンバーワンになるというのはどういうことか？

例えば、アメリカ人メジャーリーガーで、誰もが知っているベーブ・ルース。彼は、生涯通算本塁打数714本の記録を持ち、1974年に破られるまで39年にわたってメジャーリーグ最多であった。ベーブ・ルースはホームランを出すことにこだわり続け、野球の楽しさ・面白さを世界中に広めた伝説の功労者でもあります。

ベーブ・ルースは、「ホームランを打つ」という1つのこと「だけ」にこだわり続けました。途中で方針を変えたり、中途半端にやることもなかったのです。

この考え方はこれを読んでいるあなたにも是非、真似してみてほしい。

誰だって、何か目標に向かって努力する中で、どうしても人は楽な方へ楽な方へと行きがちです。つまり「ブレ」るのです。そうなると何事も中途半端になってしまうのです。

いろいろな情報があふれる現代では、何か良さそうな話があると、すぐそっちに飛びつきたくなるけれども、ぐっとこらえて1つに特化することが大事なんです。1つの分野で誰にも負けないくらい、秀でられれば、長期的に見るととても大きな強みになるのです。

是非、復唱してみてください！

「1つの分野でナンバーワンになる！　一点集中！」

第7章

成功とは、「最後の失敗」の後に訪れる

3つの禁句！

言葉の使い方は、人生を左右するほど重要なことなのです。

あなたがもし、成功したいと思っているのならば、これからは「マイナス言葉は使わない」ことを習慣づけてください。

私は若い時からこの習慣を大事にしている。そして、マイナス言葉ばかりを使うような人とは距離を置くようにしています。

なぜかと言うと、言葉は潜在意識に強く影響してしまうからです。あなたが普段使う言葉は、あなたの人生を決めていると言っても過言ではないでしょう。

例えば、仕事の見通しが良くない時、経験から「どうせ今度もダメだろう」と思ってしまうことはよくありませんか？　でも、そこで「どうせダメだ」と口に出してしまうと、あなたの言葉を一番最初に聞くのはあなただし、自分自身の言葉に影響され、モチベーションが下がってしまう。さらに、周りがそれを聞いていると、その影響を受け、マイナスな言葉を使うあなたからもどんどん離れてしまう。

そうすると結果、本当にダメになってしまい、間違いなく負のスパイラルにはまり込んでしまうのです。

つまり、マイナス言葉を発することによって生じるデメリットは、「自分のエネルギーを奪い、周囲のエネルギーをも奪ってしまうこと」です。

人はポジティブなプラスの言葉より、マイナス言葉に影響されやすいのです。もし、あなたがグチや不満を言っている人たちのネットワーク（環境）の中にいれば、あなたがどんなにプラス思考の持ち主であっても、必ずそのネットワークの影響を受けてしまう。逆に、プラス思考のネットワークにいれば、自然にプラス思考になってくるのです。

どの環境に身を置くかがとても大切なのです。

これは、私が経営する会社の会議でもよく言っている。特に管理職など、影響力がある立場の人間には、絶対にマイナス言葉を使わせないように心がけています。

私が今まで出会った人を見ても、成功を掴んだ人は、皆ポジティブでプラスの言葉をよく使っている。**彼らが絶対に口にしない言葉は**、「いや」「どうせ」「やっぱり～」「できない～」「でも～」等だ。

是非、これを読んでいるあなたも今、この瞬間から「いや」「どうせ」「やっぱり～」「できない～」「でも～」等のマイナス言葉は禁止語にしてほしい。

それだけで、あなたの人生は変わってくるはずです。

次は、たくさん使うべき「プラスの言葉」についてですが、私は、小説でもビジネス書でも本を読む際、「いいな」と思った言葉や表現をノートに書き写したり、トイレや部屋の壁に貼ったりする習慣づけをしています。そのノート等は頻繁に読み返し、「プラス言葉」をいつでも使えるように頭に繰り返し蓄積しています。

プラスの言葉を自分の周りにちりばめよう！

それでも失敗を恐れるな！

「潜在意識」の項でも触れてきたように、人は変化や今までの常識を捨てることに「怖い」という感情を持ち、行動できなくなりがちです。でも、その「怖い」の中でも、人が最も恐れているのは「失敗」に違いありません。

でも、実は成功とは「最後の失敗」の後、初めて訪れるものだということを知っておいてほしいのです。

世界の偉人たちも、数多くの「失敗」を経験して成功を掴んでいるのです。

例えば、自動車・フォードの創設者であるヘンリー・フォードは自動車会社が成功するまでに7度失敗し、5回の破産を経て、フォードを世界的な自動車メーカーに育て上げました。

今やアメリカの最大手電話会社ＡＴ＆Ｔの創設者であるアレクサンダー・グラハム・ベルも創業当初、経営に行き詰まり、10万ドル（約１０００万円）でその権利を他社に譲ると申し出たが「電気のおもちゃを作る会社で何ができるのかね？」と冷たく拒否されました。


だから、「失敗」は成功のための、ステップであり通過点なのです。だから、怖がることはありません！　いきなり初めから成功できることは、なかなかありません。だから「失敗」も成功のためのステップと捉え、恐れずチャレンジしていこう！

ただ、同じ失敗を何度も繰り返しているようではダメですよ（笑）。

偉人たちのことを知ってもなお、「失敗は怖い」と思う人もいると思う。それは当然です。だって「失敗したい！」人なんておそらくこの世にはいないだろうから。じゃあ、少し考え方を変えてみましょう。

例えば、「2回の失敗の後に、3回目は必ず成功する」という条件が世の中にあったとしたら、人はどうすると思いますか？

きっと、2回の失敗を恐れず行動を起こすはずだ。なぜなら、何度もチャレンジした中で何回目に絶対成功すると約束されていたら失敗なんて怖くないからです。

ただ、現実の世界ではいつ成功するかなんて誰にもわからないのです。だから怖くて行動ができなくなっているし、1～2回失敗したら途中で諦めてしまう。

つまり、人より少しだけ多く失敗を怖がらずに諦めないでやり続けれた人が、やがて成功するということなんです。

人より少しだけ多く失敗をしよう！

YouTubeで「それでも諦めなかった偉人たち」という非常に感じる動画がある（約7分）。是非、検索してみてほしい。私も、いつもこの動画を観て勇気をもらっているんです。

初めから偉人だったでしょうか？
「それでも諦めなかったから、
偉人になった人たち」だと思います。

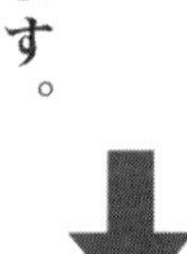

Youtubeで見られます！

QRコードを読み取ってください。

第8章

「成功者」と「うつわ」の関係

成功を得るためには、自分の「うつわ」を大きくしなくちゃいけない。小さな器は、水を入れてもすぐに溢れちゃいますよね?

成功も同じなんです。自分の「うつわ」が小さいままでは、大きな成功は収まりきれずこぼれ落ちちゃうんです。人は、お金も、幸せも、人間関係も、自分が持っている「うつわ」の分だけしか手に入れることができません。

実は、誰にでも平等に「お金」や「チャンス」「幸せ」は降り注いでいますが、それを受け取れるかどうかは、あなたの「うつわ」次第です。人のせいでもなく、環境のせいでもない、まぎれもないあなた自身の「うつわ」次第なのです。

逆を言えば、自分が持っている「うつわ」が大きければ、どんなに嫌がってもお金や幸せ等が入ってくるのです。

ギャンブルで大金を手にしても、「知らないうちになくなっていた」という話を聞いたことがありませんか？　「うつわ」以上のお金を手にしても、なんらかの形で出ていってしまうのです。

皆さんにとって「成功」は、必ずしも、お金にまつわることだけではないと思います。

でも、何かの目標を達成しようとする場合も同じこと。成功を掴むためには「うつわ」を大きくするしかないんです。

あなたが目指す「成功」に見合った、「うつわ」を持たずして、「成功」を得ることはできないのです。

ここで質問です。仕事などで、役職があることと、その役職にふさわしい「うつわ」があるのでは、どちらが先だと思いますか？

「うつわ」が先にあって、役職がついてくる……と思う人が多いのではないでしょうか？

それは、大間違いなんです！

例えば、学級委員になってから学級委員の「うつわ」ができてくるのです。周りから「あの子は学級委員」と、そのように見られるようになるから、学級委員としての「うつわ」ができてくるのです。

生まれながらに、社長の「うつわ」を持って生まれてくる人はいません。いろいろな失敗や苦悩の経験から「うつわ」ができてくるのです。

ですから、自分は成功者の「うつわ」を持ち合わせていないから……なんて思う必要はありません。その時の立場に真剣に向き合っていれば、「うつわ」は、自然と追いついてくるのです。


だから、今までやってきたことのないこと、今まで逃げてきたこと、苦手だと避けてきたことでも、機会があったら積極的にチャレンジしてほしい。

それがあなたの「うつわ」を大きく成長させることになります。

その一歩一歩を繰り返して、「うつわ」を大きく変化させることができたら、あなたは、気づいた時には成功者の「うつわ」を手に入れていくでしょう。


まずは、今、与えられた立場を真剣に取り組もう！

自分が変わると全てが変わる!

ここまでいろいろな話を書いてきましたが、行動してみようかなと思っているが、「自力ではなかなか実践にうつせない……」と感じている人も少なくないのではないでしょうか?

そうなんです! 本を読んだだけでは、頭で理解しただけで、変わることはできないんです。

是非、私が主催する気づきのトレーニング（サクセストレーニング）に足を運んでみてください！　都内や関西圏を中心に毎月1～2回程度、定期開催し、依頼があれば、地方でも開催しています。

この究極の気づきを与える、「サクセストレーニング」は、座学ではなく、参加者全員で身体を動かしながら。身体で感じ気づきあう、トレーニングです。

この本と、前著『幸せになる勇気と考え方』も合わせて読んでいただき、読むだけでなく「サクセストレーニング」に参加することで、より理解を深めることができます。

あなたが成功を掴み取るためにも、是非トレーニングに参加してみてください。皆さんのご参加をお待ちしております。詳しい日程などは、（株）エコロ・インターナショナルのフェイスブックのイベントページやセミナードットコムにて掲載していますのでご参照ください。

Facebook ページ

最後に……あとがき

拙著にお付き合いくださりありがとうございました。諸先輩方がいる中、乱筆申し訳ございません。

皆さんの、心の奥底深くに響いていただければと思い、メッセージとして、強い口調でいろいろ書いてしまいました。どうか、大きな心でお許しください。

前著『幸せになる勇気と考え方』と同様、本書も読んでくれているあなたが今、人生のどんな場面に立っていたとしても、何かの一助になれれば良いと思っています。

もし、あなたが成功を手にし、幸せの絶頂にあったとしても、何か迷うことがあった時は、是非この本や『幸せになる勇気と考え方』を読み返してみてください。きっとあなたを手助けする言葉が見つかるはずです。『幸せになる勇気と考え方』を読んでない方は、是非、今すぐ読んでみてください。Amazonでも購入できます。

もし、あなたがこの本を通じて成功を手にすることができたのなら、是非あなたも誰かに成功するための方法を伝えていってください。そして、この本を勧めてほしいのです。単に自分の成功のためだけでなく、さらに次の世代の人たちに成功を掴む「人間力＝自分力」を手にしてもらいたいからです。あなたには成功を掴んでもらい、伝える側に回ってほしい。

この本の使い方は、最初は、1回読み終わった1か月以内にもう一度読んでみてください。そのあとは2〜3か月、またはあなたに変化があった時ごとに読むようにしてみてください。

この本をあなたの人生のそれぞれのステージで読むことで、その度に受ける感じ方や視点が変わり、それは自分の変化や成長（うつわ）を測るモノサシになるはずです。

あなたが、私やこの本についてどう感じているかわかりませんが、心に火がついた状態だとしたらとてもうれしく思います。「自分もきっと変われる！」そう、希望を抱いてくれていれば幸いです。

昔、２人の青年がいました。２人とも同じ高校に行き、同じような大学に行き、同じような大手の企業に就職しました。やがて２人は幸せな結婚をして子どもが生まれ、50歳になった。ただ、唯一違っていたのは、１名は年収が６０００万円を超えるビジネスをしていて、彼は収入が今もドンドン増えてきています。もう１人は家を買うために35年ローンを組み、仕事や上司のグチを言いながら暮らしています。

なぜこのような差が生まれてしまったのか？　あなたも考えてみてほしい。

彼らの違いを生んだのは、この本に書かれていることや受講したサクセストレーニングで学んだことを素直に実行し続けたか否かである。彼らに教えたことはこの本に書いてある10分の1くらいの内容である。

それ以外、難しいことは言っていない。簡単である。ただ、1つだけ確かなことは、実践すれば必ず結果はでるし、やらなければ今のままだということです。

もう一度言います。

この本を読めば読むだけあなたは成長します。そして、成長するとまた違った景色が見えてきます。何度も読み返すとまた違うところに気づくことができます。

そして、私が開催している気づきのトレーニング（サクセストレーニング）にも是非、参加してみてください。私は、気づきのトレーニングに出合い、受講するようになって変われました。自分の「うつわ」が格段に広がり、夢の実現への可能性が広がりました。学校では教えてくれない成功者の考え方と行動を気づかせていただきました。正直言って、衝撃を受けた。

だから、受講を続ける中、このトレーニング法を学び、受講者から伝える側（講師）になろうと決めたのです。講師になってからは、企業の幹部役員や、経営者、個人事業主を中心に開催しています。

最後にとても重要なことをお伝えしておきます。人生にはその時々の選択しかないのです。

1つは、常に変化し、チャレンジし続ける生き方。

もう1つは、危険をおかさず、安全な場所にとどまり続ける生き方。

できれば後者を選んで生きたいと思うかもしれないが、残念ながら今の日本では、安全な場所なんて、もう1つもないということを忘れないで欲しい。

今の日本は、沈没しかけた船だと言う人がいるが、確かにそうかもしれない。だから、沈没する船の上で動かないでいることは、とてもリスクが大きい。

だからこそ、常に変化し、冒険（チャレンジ）を続ける人生を恐れないでほしい。私だって、まだまだ成長途中だし、上の世界をもっと見たいと目指している。私だって、こうやって人生を大きく変えることができたのです。

あなただって必ず変えられます。誰でも気づいた時から、変われる力を持っています！

私は、一念発起し、起業し、地元のしがらみを離れた時、友人、知人からも白い目で見られました。その時の廻りの人たちから見たら、私の選択は「非常識」だったのかもしれない。

でも、東京とかニューヨーク、パリ、シンガポールに行くと、そんなことを気にもかけていられないくらい世界は広いということに気づく。私の知っている世界なんてまだまだ狭いということです。

もし、あなたが自分の知っている世界だけが全てだ、と思っているなら一歩踏み出して、世界中を見て回ってほしい。絶対に価値観が変わると思います。自分の知っている常識なんて世界や宇宙空間からしてみればミクロ以下の世界なんです。

「そんなことをしてはけない」とか「そんなに世の中甘くない」とか……、そんなセリフは成功を「諦めた人」がいう捨てセリフ。負け犬の遠吠えだと思います。

自分を信じ、ブレずに人生に立ち向かってもらいたいです。

最後になりましたが、本書を読んでいただき、本当にありがとうございました。

あなたにこの言葉をプレゼントします！

あなたはみんなを幸せにするために成功者（億万長者）にならなくてはならない！

さあ、みんなで素晴らしい日本（未来）を創っていきましょう！

この本を手に取っていただきありがとうございました。必ず成功を掴んでください！

〈参考書籍〉
藤田 田『ユダヤの商法』（ベストセラーズ）
ロバート・キヨサキ『金持ち父さん貧乏父さん』（筑摩書房）

原村 昌利 （はらむら まさとし）

No.1 成功思考メンタルトレーナー
株式会社エコロ・インターナショナル　代表取締役社長

ゼロの状態から起業する経営者・個人事業主の月収を、100 万円以上にする成功思考トレーナー

会社員時代、苦悩する日々を変えようと探し求め、1人の人生の師匠（メンター）に出会う。日本で唯一のメンタルトレーニング法を学び、心と身体が1つになる究極のメンタルトレーニングを会得。

その後、経営者や個人事業主を中心に、「好きな時、好きな場所で、好きな仕事をする自分力をつくる」活動をしている。給料に振り回されずに、お金を生み出す仕組みをつくる、シンプルな方法は、延べ 10 万人以上の人に影響を与えている。

2000 年に起業し、株式会社エコロ・インターナショナル　代表取締役社長を務める傍ら、都内や関西圏を中心に月に1～2回、「気づきのトレーニング」（サクセストレーニング）を開催中。

〈主な受賞歴〉

2011 年　ベトナムに小学校を建築支援、教育支援活動を開始
2012 年　「水」を扱う事業を行っている関係で、カンボジアに井戸を毎年建築支援するプロジェクトを開始
2014 年　国際的な社会貢献が認められ、「第 18 回東久邇宮国際文化褒章」受賞
2016 年　「高濃度水素水ルルドの恵み」が業界 No.1 の水素濃度、品質の安全性を認められ「社会文化功労章」受賞
2011 年からの継続的な社会貢献活動が認められ、カンボジア国ポーサット州知事から感謝状を受ける。支援に対して NPO 法人からも感謝状を受ける
2017 年　地元貢献を認められ、真岡市教育委員会、栃木県知事から表彰を受ける
2018 年　2017 年度の社会貢献を認められ、栃木県知事から表彰を受ける

装丁／冨澤崇（EBranch）
本文イラスト／門川洋子
校正協力／新名哲明
編集制作／小田実紀

自分力 今の時代を生き抜く「自分」といううつわの作り方

初版1刷発行●2020年3月19日

著者
原村 昌利（はらむら まさとし）

発行者
小田 実紀

発行所
株式会社Clover出版
〒162-0843 東京都新宿区市谷田町3-6 THE GATE ICHIGAYA 10階
Tel.03(6279)1912 Fax.03(6279)1913 http://cloverpub.jp

印刷所
日経印刷株式会社

ISBN 978-4-908033-62-9 C0030